법구경

옮긴이 김달진(金達鎭, 1907~1988)

동국대학교 역경위원으로 불경 국역 사업에 힘썼으며,
1983년 불교정신문화원에 의해 한국고승석덕(韓國高僧碩德)으로 추대되었다.
역서에 『莊子』, 『寒山詩』, 『唐詩全書』, 『韓國禪詩』, 『붓다차리타』,
『보조국사전서』, 『금강삼매경론』 등 다수가 있다.

법구경

초판 1쇄 발행 | 1965년 9월 1일
개정판 1쇄 발행 | 1997년 3월 20일
개정판 26쇄 발행 | 2023년 4월 25일

옮긴이 | 김달진
펴낸이 | 조미현

펴낸곳 | (주)현암사
등록 | 1951년 12월 24일 · 제10-126호
주소 | 04029 서울시 마포구 동교로12안길 35
전화 | 365-5051 · 팩스 | 313-2729
전자우편 | editor@hyeonamsa.com
홈페이지 | www.hyeonamsa.com

ⓒ 현암사 · 1997

* 잘못된 책은 바꾸어 드립니다.
* 판권은 본사 소유입니다.

ISBN 978-89-323-0898-2 03220

영원한 진리의 말씀

법구경

김달진 옮김

☉ 현암사

머리말

내가 산에 들어가 선(禪)을 공부하느니 교(敎)를 연구하느니 하다가 아무 얻은 바 없이 산을 나온 지도 벌써 15, 16년이 되었습니다. 그 동안에 중국 고전을 4, 5종 번역·출판해 보고, 다시 불전(佛典) 번역에 생각이 미쳤습니다. 그러나 그 많은 불전 가운데서 과연 어느 것이 교리 자체로나 사회적 요구로 보아 가장 적절할까를 생각해 보았습니다. 그리고 선배나 동학(同學)과 논의해 보았습니다. 그래서 이「법구경」·「사십이장경」·「불유교경」등 세 가지를 가려 번역했습니다. 물론 여러 모로 잘못과 틀린 곳이 많을 것입니다. 읽으시는 여러분의 아낌없는 꾸지람과 가르침이 있기를 바라 마지않습니다.

이 세 경 중에도「법구경」은 불교의 문을 처음으로 두드리는 사람을 위한 글도 되지만, 이미 깊이 들어간 사람을 위한 그윽한 곳집도 되는 글입니다. 그래서 항상 불도를 배우는 사람의 나침반이 되는 글이라고도 합니다. 그래서인지 요즘 서구의 많은 학자의 주목을 끌어, 그들의 손으로 된 많은 번역과 해설이 나오고 있습니다. 더구나 소련에서까지 세계 고전 번역의 서른여섯째 자리를 차지하고 있습니다. 불교는 흔히 지금까지 그윽하고 깊은 이치를 이야기하는 길로만 치우치고 있었지만, 그것은 불교의 본래 면목이나 사명은 아닐 것입니다.

　법구(法句)란, 두 가지 뜻을 가지고 있습니다. '법'을 석가모니의 가르침으로 볼 때는 곧 '석가모니께서 가르치신 글귀'라는 뜻이요, '법'을 우주 구극의 진리의 본체로 보고 '구'를 '길' 혹은 '발자국'이라는 뜻으로 볼 때는 곧 '진리로 나아가는 길'이라는 뜻이 됩니다.

　석가모니의 설법에는 묻는 사람이 있어서 거기에 대답하는 경우와, 묻는 사람이 없는데도 스스로 나아가 가르치는 경우가 있습니다. 앞의 경우에는 그 '사람'과 '때'와 '경우'에 따라 적당하게 가르치지만, 뒤의 경우에는 자기의 진정을 있는 그대로 바로 털어놓습니다. 이 「법구경」은 뒤의 경우에 속한 것인 만큼, 석가모니의 심금에서 바로 울려나오는 시구로서, 불교의 본의를 단도직입적으로 이해하기에 가장 적당할 것입니다.

　「법구경」의 작자는 물론 석가모니이지만, 그것을 모아 엮은 사람은 인도의 '법구(法救)'요, 한문으로 번역한 사람은 '유기난' 등이라고 전해지고 있습니다. '법구'의 연대는 자세하지 않지만 부처님이 열반하신 뒤 약 사백 년, 서기전(西紀前) 1세기쯤으로 어림잡고 있습니다.

이 「법구경」은 큰 가치를 가지고 있습니다. 여러 사람의 말을 좇으면

1) 간단한 말 속에 불교의 요긴한 뜻을 두루 가지고 있고,

2) 말한 바가 아주 실제적이라 우리 생활과 밀접한 관계가 있고,

3) 종교의 구극은 윤리·도덕이 아니지만 거기서 불교의 도의(道義)를 찾을 수 있고,

4) 그것이 성립된 연대가 가장 오래 됐으므로 원시 불교의 면목을 가장 많이 가지고 있다는 것 등입니다.

「법구경」은 전부 26장, 423게송(偈頌)으로 되어 있습니다. 모든 경(經)·율(律) 여기저기에 흩어져 있는 금·옥과 같은 명구(名句)로서, 부처님의 진정 그대로의 말씀이요, 견줄 데 없는 큰 사상의 보고입니다. 동시에 청아하고 간결하고, 또 심오한 시집이기도 하며, 말마다 글귀마다 사람을 감화시키지 않고는 그냥 두지 않습니다. 그러므로 「사십이장경」·「불유교경」과 아울러 이것을 책상머리에 두어 아침 저녁으로 펼쳐 읽으면, 반드시 남 모르는 사이에 어떤 얻음이 있을 것을 믿어 의심하지 않습니다.

1962년 3월 김달진

일러 두는 말

1. 이 세 경은 벌써 2년 전에 번역해 두었던 것입니다. 그 중에서 「법구경」은 불교 총무원 발행지 『현대불교』에 연사(蓮史)라는 이름으로 그 일부를 연재해 온 것입니다. 그러나 그 때에는 모두 줄글로 되었던 것을 이번에 모두 귀글로 뜯어고쳤습니다. 그래서 그 운율을 살리기 위해서, 부득이 뜻 번역에 가까워졌습니다.

2. 이 세 경의 원본은 물론 '유기난' 등의 한역(漢譯)입니다. 그 중에 「법구경」만은 한역 외에도 일본인 상반대정·적원운래·우송원체와 영국인 막스 뮐러의 번역을 참조했습니다. 그래서 그들 사이에 다른 해석이 있을 때에는 부득이 그 다수를 따를 수밖에 없었습니다. 그것은 역자가 안타깝게도 그 원어(原語)인 팔리어를 모르기 때문입니다.

3. 한·일·영역에는 그 뜻이 같거나 문장이 완전히 끝나지 않았다 해서, 둘 혹은 세 게송을 한데 묶어서 한 게송으로 번역한 것도 있었습니다. 그러나 이 책에는 일본의 적원운래의 번역을 따라 모두 각각 제대로 독립시켰습니다.

4. 불교의 독특한 술어로서 풀이하기 어려운 것은 술어 그대로 쓰고, 그 게송의 끝에 주석을 달았습니다.

5. 출판사 주인 현암님의 청과 몇 벗의 의견을 따라, 「법구경」의 각 게송 끝에 역자의 토막글(斷章)이나 시 혹은 옛 어른들의 명구를 붙였습니다. 그것들은 그 정신이나 뜻 또는 어구가 그 게송과 서로 통하거나 닮은 것들입니다. 그러므로 그것들은 그 게송에 대한 풍(諷)이나 송(頌)이 될 수도 있고, 소감이나 촌평 내지는 산해(散解)가 될 수도 있습니다. 그러나 굳이 그런 이름을 붙이지 않았습니다. 어딘가 쑥스러운 것 같기도 하고, 어떻게 보면 건방진 것 같기도 했기 때문입니다.

6. 이 책을 냄에 불교와 그다지 인연이 없는 현암님의 굳이 공리를 따지지 않는 갸륵한 마음씨와, 그것을 주선하시는 수고를 스스로 맡아 주신 백웅님의 수고에 다시금 심심한 감사를 드려 마지 않습니다.

1962년 4월 김달진

차 례

머리말 … 4
일러 두는 말 … 7

법구경(法句經)

1. 쌍서품(雙叙品) … 14
2. 방일품(放逸品) … 27
3. 심의품(心意品) … 36
4. 화향품(華香品) … 43
5. 우암품(愚闇品) … 54
6. 현철품(賢哲品) … 65
7. 아라한품(阿羅漢品) … 74
8. 술천품(述千品) … 81
9. 악행품(惡行品) … 91

10. 도장품(刀杖品) … 100
11. 노모품(老耄品) … 111
12. 기신품(己身品) … 119
13. 세속품(世俗品) … 126
14. 불타품(佛陀品) … 135
15. 안락품(安樂品) … 148
16. 애호품(愛好品) … 156
17. 분노품(忿怒品) … 164
18. 진구품(塵垢品) … 174
19. 주법품(住法品) … 188
20. 도행품(道行品) … 199

21. 광연품(廣衍品) … 211

22. 지옥품(地獄品) … 224

23. 상유품(象喩品) ……… 234

24. 애욕품(愛欲品) ……… 244

25. 비구품(比丘品) ……… 261

26. 바라문품(婆羅門品) ……… 276

사십이장경 (四十二章經) 303

불유교경 (佛遺教經) 337

법구경

法句經

1. 쌍서품(雙叙品)

 어느 때, 부처님이 '기사굴'산에서 정사(精舍)로 돌아오시다가 길에 떨어져 있는 묵은 종이를 보시고, 비구를 시켜 그것을 줍게 하시고, 그것은 어떤 종이냐고 물으셨다. 비구는 여쭈었다.
 "이것은 향을 쌌던 종이입니다. 향기가 아직 남아 있는 것으로 보아 알 수 있습니다."
 부처님은 다시 가시다가 길에 떨어져 있는 새끼를 보시고, 줍게 하여 그것은 어떤 새끼냐고 물으셨다. 제자는 다시 여쭈었다.
 "이것은 생선을 꿰었던 것입니다. 비린내가 아직 남아 있는 것으로 보아 알 수 있습니다."
 부처님은 이에 말씀하셨다.
 "사람은 원래 깨끗하지만, 모두 인연을 따라 죄와 복을 부른다. 어진 이를 가까이하면 곧 도덕과 의리가 높아 가고, 어리석은 이를 친구로 하면 곧 재앙과 죄가 이른다. 저 종이는 향을 가까이해서 향기가 나고, 저 새끼는 생선을 꿰어 비린내가 나는 것과 같다. 사람은 다 조금씩 물들어 그것을 익히지만 스스로 그렇게 되는 줄을 모를 뿐이니라."

- 법구비유경, 쌍서품

1

마음은 모든 일의 근본이 된다.
마음은 주(主)가 되어 모든 일을 시키나니.
마음속에 악한 일 생각하면
그 말과 행동 또한 그러하리라.
그 때문에 괴로움은 그를 따르리,
마치 수레를 따르는 수레바퀴 자취처럼.

心爲法本　心尊心使　中心念惡
卽言卽行　罪苦自追　車轢于轍

어리석은 사람이 사람을 물들이는 것은 마치 상한 고기를 가까이하는 것 같아서, 미혹에 빠지고 허물을 되풀이해서 어느새 더러운 사람이 되게 한다.

2

마음은 모든 일의 근본이 된다.
마음은 주가 되어 모든 일을 시키나니.
마음속에 착한 일 생각하면
그 말과 행동 또한 그러하리라.
그 때문에 즐거움이 그를 따르리,
마치 형체를 따르는 그림자처럼.

心爲法本　心尊心使　中心念善
卽言卽行　福樂自追　如影隨形

어진 사람이 사람을 물들이는 것은 마치 향을 가까이하는 것 같아서,
지혜가 나아가고 착함을 익혀서 마침내 꽃다운 선비가 되게 한다.

3
'그는 나를 욕해 꾸짖고
나를 때리고 나를 이겼다.'
이렇게 굳이 마음에 새기면
그 원한은 끝내 쉬지 않는다.

人若罵我　勝我不勝　快意從者　怨終不息

남에 대한 원한을
아무리 마음에 새겨 갚아 보아도…….
힘 위에 힘이 있고
칼 뒤에 칼이 있다.

4
'그는 나를 욕해 꾸짖고
나를 때리고 나를 이겼다.'

이렇게 마음에 새기지 않으면
그 원한은 이내 고요해진다.

人若致毀罵　役勝我不勝
快樂從意者　怨終得休息

남에 대한 원한을
아예 마음에 두지 말라.
외손바닥은 저 혼자 울지 않고
하늘을 향해 뱉은 침은
도로 제게로 돌아가나니…….

5
원망으로써 원망을 갚으면
끝내 원망은 쉬지 않는다.
오직 참음으로써 원망은 쉬나니,
이 법은 영원히 변하지 않는다.

不可怨以怨　終以得休息
行忍得息怨　此名如來法

어떻게 불을 불로써 끌 수 있는가?
어떻게 물을 물로써 씻을 수 있는가?

6
남의 허물만을 꾸짖지 말고
힘써 내 몸을 되살펴보자.
사람이 만일 이렇게 깨달으면
그 때문에 다툼은 길이 쉬리라.

不好責彼　務自省身　如有知此　永滅無患

"원수를 사랑하라." - 예수
그러나 우리에게는 사랑해야 할 원수도 없다.

7
생활의 즐거움만을 좇아 구하고
모든 감관(感官)을 보호하지 않으며,
먹고 마심에 정도가 없고
마음이 게으르고 겁이 많으면,
악마는 마침내 그를 뒤엎나니,
바람이 약한 풀을 쓸어 넘기듯.

行見身淨　不攝諸根　飮食不節
慢墮怯弱　爲邪所制　如風靡草

흐릉흐릉 오늘도 하루 해 저물고

흐득지득 꿈속에 문득 눈뜨면,
아아, 어이하랴, 나도 몰랐네.
쓰러진 화병의 시든 꽃처럼.

8

생활의 즐거움만을 구하지 않고
모든 감관을 잘 지키며,
먹고 마심에 절도가 있고
항상 정진(精進)하여 믿음이 있으면,
악마는 그를 뒤엎지 못하나니,
마치 바람 앞에 우뚝한 산처럼

觀身不淨　能攝諸根　食知節度
常樂精進　不爲邪動　如風大山.

발등에 붙는 불, 눈썹에 붙는 불,
행여 잊을라, 여섯 문 꼭꼭 닫고,
올연히 앉아 언제나 깨어 있어,
가을 밤 하늘의 밝은 달처럼.

9

마음에 독한 태도 버리지 못하고

욕심을 따라 휘달리면서,
스스로 자기를 다스리지 못하면
그는 법의(法衣)에 알맞지 않다.

不吐毒態　欲心馳騁　未能自調　不應法衣

빤질빤질 머리를 깎고
천만 번 가사를 수하여도,
마음이 더러우면
그는 비구 되기 십만팔천 리…….
모래를 삶아 밥을 만들라.

10
마음에 독한 태도 뱉어 버리고
고요히 모든 계(戒)를 잘 생각하며,
마음을 항복받아 스스로 다스리면
그는 법의(法衣)를 입기에 알맞다.

能吐毒態　戒意安靜　降心已調　此應法衣

조금 아는 것이 있다 해서
스스로 높아 마음이 교만하면,
그것은 장님이 촛불을 든 것 같아

남은 비추나 자기는 밝지 않다.

11

진실한 것을 거짓으로 생각하고
거짓인 것을 진실로 생각하면,
이것은 끝내 그릇된 소견이라,
마침내 참 이익을 얻지 못한다.

以眞爲僞　以僞爲眞　是爲邪計　不得眞利

한 일, 한 일을 겪어 보면 겪어 볼수록,
하루하루를 살아 보면 살아 볼수록,
우리 마음에 자유와 안정과 용기를 가져오는 것은
결국 '참된 것', '바른 것'밖에 없다.

12

진실을 알아 진실로 생각하고
거짓을 보아 거짓으로 알면,
이야말로 정당한 소견이라,
그는 반드시 참 이익을 얻는다.

知眞爲眞　見僞知僞　是爲正計　必得眞利

진(眞)이나 선(善)이나 자유의 새는 결코 애매와 암담의 숲을 보금자리로 하지 않는다.
확실하지 못한 모든 어둠 속에는 다만 두려움이 있을 뿐이기 때문이다.
죽음! 행복을 그리는 우리에게 한치 앞이란 얼마나 무서운 깊은 못인가!

13

지붕 잇기를 성기게 하면
비가 오면 곧 새는 것처럼,
마음을 조심해 가지지 않으면
탐욕이 곧 이것을 뚫는다.

蓋屋不密　天雨則漏　意不惟行　淫洪爲穿

우리 생활에는 너무나 틈이 많다.
그러므로 항상 바람과 티끌의 시달림을 받는다.

14

지붕 잇기를 총총히 하면
비가 와도 새지 않는 것처럼,
마음을 단단히 거두어 가지면
탐욕이 이것을 뚫지 못한다.

蓋屋善密　雨則不漏　攝意惟行　淫泆不生

인생은 유혹이다.
그러나 그것은 자신 있는 자기 힘의 시험이어야 한다.

15
이승에서 걱정하고 죽어서 걱정하고,
악을 행한 사람은 두 곳에서 걱정한다.
이것도 걱정이요 저것도 두려움,
죄를 지은 자기의 더러운 업(業)을 보고.

造憂後憂　行惡兩憂　彼憂惟懼　見罪心懅

죄를 짓고도 벌을 면할 수 있다. 그러나 벌을 면하였다 하여 죄가 없어진 것은 아니다.
선(善)을 행하고도 칭찬을 받지 못하는 수가 있다. 그러나 남이 모른다 하여 선이 없어진 것은 아니다.
숨기는 곳에 그 죄 도리어 커 가고, 모르는 곳에 그 선은 더욱 참다워진다.

16
이승에서 기뻐하고 죽어서 기뻐하고,

선을 행한 사람은 두 곳에서 기뻐한다.
이것도 기쁨이요 저것도 즐거움,
복을 지은 자기의 깨끗한 업(業)을 보고.

造喜後喜　行善兩喜　彼喜惟歡　見福心安

보수를 또 어디서 구하려 하느뇨?
그대 할 일을 정성껏 한 뒤의 열락,
그 이상 깨끗하고 거룩한 보수는 없다.

17

이승에서 뉘우치고 저승에서 뉘우치고,
악을 행한 사람은 두 곳에서 뉘우친다.
'나는 악을 행했다.' 생각해 번민하고,
죄를 바로 받아 더욱 크게 고통받는다.

今悔後悔　爲惡兩悔　厥爲自殃　受罪熱惱

장미나무에서 어째서 모란꽃이 피지 않을까?

18

이승에서 기뻐하고 저승에서 기뻐하고,

선을 행한 사람은 두 곳에서 기뻐한다.
'나는 선을 행했다.' 생각해 기뻐하고,
복을 바로 받아 더욱 크게 기뻐한다.

今歡後歡　爲善兩歡　厥爲自祐　受福悅豫

그대는 언제 어디서 그대의 목숨이 끊어지더라도,
아무런 유감이 없을 만한
생명에 대한 준비가 되어 있는가?

19
성전을 아무리 많이 외워도
행하지 않는 방일(放逸)한 사람은,
남의 소를 세는 목자(牧者)와 같아
사문(沙門) 된 결과를 얻기 어렵다.

雖誦習多義　放逸不從正
如牧數他牛　難獲沙門果

사상(思想)의 팬,
그것은 이 세대 인텔리들의 자랑인 동시에 또한 일종의 창백한 비애임이 틀림없다.
어둑거리는 인생의 변두리를 하염없이 거니는 그 여윈 마음의 조바심.

20

경전을 아무리 적게 알아도
법을 따라 도(道)를 행하고,
탐심과 성냄과 어리석음 버리어
지식은 정당하고 마음은 해탈해서,
이승에도 저승에도 집착이 없으면
그야말로 부처님의 제자이니라.

時言少求　行道如法　除婬怒痴
覺正意解　見對不起　是佛弟子

속의 충실은 반드시 바깥으로 나타나는 형식을 가진다.
꽃을 피우는 꽃봉오리를 보라. 엄을 내는 종자를 보라.
모든 진(眞)도, 선(善)도, 애(愛)도 오직 행위의 세계에서만 생의 본연적(本然的) 성취의 광영(光榮)이 있는 것이다.

2. 방일품(放逸品)

 부처님은 말씀하셨다.

 "옛날 소를 먹이는 사람이 있었는데, 자기 소는 버리고 남의 소를 세어 자기의 소유로 생각했다. 그래서 버려 둔 자기 소는 혹은 모진 짐승에게 해를 당하고, 혹은 숲 속에 잃어버려 그 수가 날로 줄어들었지만 그는 그것을 깨닫지 못했다. 그래서 공연히 남의 웃음거리만 되었다. 공부하는 사람으로서 아무리 많이 늘었다 해도 스스로 법을 따르지 않고 함부로 남을 가르치려 한다면, 마치 저 소 먹이는 사람이나 다름이 없는 줄 알라. 스스로 자기를 바루지 못하고 어떻게 능히 남을 바룰 수 있겠는가."

— 출요경, 방일품

21

계(戒)를 감로(甘露)의 길이라 하고
방일을 죽음의 길이라 하나니,
탐하지 않으면 죽지 않고
도(道)를 잃으면 스스로 죽느니라.

戒爲甘露道　放逸爲死徑
不貪則不死　失道爲自喪

쾌락, 혐오…… 또 쾌락, 혐오……. 이리하여 나의 생활은 계속된다.
도대체 그 유혹은 어디서 왔을까? 어찌하여 그 유혹은 나를 유혹할 수 있었을까?
이 세상에서 인간의 희구(希求)에 값할 것이 오직 하나뿐임을 철저히 볼 수 있었더라면…….

22

이 이치를 밝게 알아서
마침내 방일하지 않는 사람은,
방일하지 않는 속에 기쁨이 있어
성자(聖者)의 경계(境界)를 얻어 즐긴다.

慧智守道勝　終不爲放逸
不貪致歡喜　從是得道樂

사회 의식의 활동에서 인간의 위대한 힘이 나타나고, 자기 비판의 가능에서 다른 동물과 구별되는 인간의 묘미가 있는가!

23

그들은 항상 도를 생각해
스스로 굳세게 바른 행실 지키며,
용맹하고 슬기롭게 세상을 건너
위 없는 편안한 행복을 얻는다.

常當惟念道　自强守正行
健者得度世　吉祥無有上

지식의 과실을 따먹기 이전의 인간.
그는 평화로운 에덴의 낙원에서 졸며, 완전한 행복을 맛본 인간이었다.
그러나 조그마한 가치도 가지지 못한 인간이었다.

24

바른 생각을 떨쳐 일으켜
깨끗한 행동으로 악을 멸하고,
스스로 억제하여 법다이 살면,
그 사람의 이름은 날로 자란다.

正念常興起　行淨惡易滅
自制以法壽　不犯善名增

"모든 행복이 거짓에 불과하다면 차라리 잠속에 들어 꿈이나 이어 가랴." — 아미엘
그러나 인생이란, 실상 우리가 생각하는 그대로의 고역만은 아니다.

25

기운을 떨쳐 방일하지 않고
스스로 억제하고 마음을 다루어,
지혜 있는 사람은 주(洲 : 피난처)를 만들어
사나운 물결에도 떠가지 않는다.

發行不放逸　約以自調心
慧能作定明　不返冥淵中

아무런 일 하나도 단념하지 못하는 사람은 아무런 일 하나도 이루지 못할 것이다.
하나의 일을 이루지 못하면 하나의 지혜를 얻지 못한다.
여러 가지 관심은 여러 번뇌를 가져오고 하나의 애정은 전(全)의 위력을 낳는다.

26

어리석은 사람은 깊은 뜻 몰라
방일에 빠져 다투기를 좋아하고,
지혜 있는 사람은 항상 삼가서
보물을 보호하듯 방일을 막는다.

愚人意難解　貪亂好諍訟
上智常重愼　護斯爲寶尊

한 번 단념한 이상이면 그리 어름어름할 것 없이, 단연히 잊어버릴 것이다.
그리하여 돋려놓는 밭끝에 새 피를 쏟아 불을 붙일 것이다.

27

방일하지 말라. 다투지 말라.
탐욕의 즐거움을 길들이지 말라.
고요히 생각하고 방일하지 않으면,
큰 즐거움을 얻을 수 있다.

莫貪莫好諍　亦莫嗜欲樂
思心不放逸　可以獲大安

감정보다 이성의 명령을 따르라 한다.

그러나 그것은 이성을 인간의 본질이라는 의미에서보다, 본질이라 결정 짓는 그것까지도 생활의 안전을 꾀하는 의미에서가 아닐까?

28

방일한 마음을 스스로 금해
방일을 물리친 어진 사람은,
이미 지혜의 높은 집에 올라
두려움도 없이, 걱정도 없이
어리석은 사람을 내려다보나니
마치 산 위에서 평지를 바라보듯.

放逸如自禁　能却之爲賢　已昇智慧閣
去危爲卽安　明智觀於愚　譬如山與地

종교적인 풍류삼매(風流三昧)에서만 우리는 우리의 의지의 자유를 바로 느낄 수 있을 것이다.
이지의 딱딱함에서, 욕구의 보챔에서, 무명(無名)의 안개 속에서 벗어난 세계.
그러므로 거기에는 자유와 자유의 완전한 실현인 자비와 희열이 있을 뿐이다.

29

방일한 속에 있어 방일하지 않고
잠든 속에서 깨어 있는 사람은,
준마(駿馬)처럼 빨리 달려서
노마(駑馬)를 뒤로 두고 멀리 나아간다.

不自放逸　從是多寤　羸馬比良　棄惡爲賢

천상 천하에 오직 '나'가 높다.
그러므로 '나'를 지배하는 이상의 위인은 없다.

30

방일하지 않으면 칭찬을 받고
방일하면 비난을 받는다.
저 마갈범*도 방일하지 않음으로
천상(天上)에 나서 주인이 되었나니.

* 너그럽고 어질다는 뜻으로서, 인타라(제석)의 한 이름.

不殺而得稱　放逸致毀謗
不逸摩竭人　緣諍得生天

우리 행위의 건축을 남의 훼예(毁譽)의 초석(礎石) 위에 쌓는 것은 어리석은 일이다.

남의 의견이란 끝없이 변하여 행운(行雲)·유수(流水)와 같기 때문이다.

모름지기 그대 자신 속에, 그대 자신의 법률과 그대 자신의 법정과 그대 자신의 법관을 두어 그것을 따르라.

31

방일하지 않음을 삼가 즐기고
방일을 두려워 걱정하는 비구는,
마음에 걸려 있는 번뇌의 얽힘을
불꽃처럼 살라 없앤다.

比丘謹愼樂　放逸多憂愆
結使所纏裏　爲火燒己盡

인간의 본연적인 자유성을 우리는 행(行)의 종교에서 볼 수 있다.
그의 인욕은 자발적이다.

32

방일하지 않음을 삼가 즐기고
방일을 두려워 걱정하는 비구는,
삼계(三界)의 고통을 다시 받지 않나니,
그는 벌써 열반*에 가까워 있다.

＊ 나지도 죽지도 않는 것. 보통은 석가모니의 죽음을 말한다.

守戒福致喜　犯戒有懼心
能斷三界漏　此乃近泥洹

남이 참을 수 없는 바를 능히 참아야 비로소 남이 할 수 없는 바를 할 수 있다.
그러나 그 '참음'이란 거저 오지 않는다.
그것은 반드시 다른 시간과 공간에 대한 위대한 소신(所信)의 안정된 일념에서 온다.

3. 심의품(心意品)

　부처님은 어느 달 밝은 밤에, 나무 밑에 있는 한 도인을 찾아가 마주 앉으셨다. 그 때 거북 한 마리가 물속에서 나와 나무 밑으로 왔다. 또 어디서 물개 한 마리가 먹이를 구하러 나왔다가 거북을 보고 잡아먹으려고 했다. 거북은 곧 머리, 꼬리, 그리고 사지를 움츠려 갑 속에 넣어 감추었다. 물개는 이것을 어떻게 할 수 없어 그만 가 버렸다.

　그 때 도인은 말했다.

　"이 거북에게는 몸을 보호하는 갑옷이 있는데, 물개는 그것을 모른다."

　부처님은 말씀하셨다.

　"내 세상 사람을 보매 이 거북보다도 못하구나. 모든 것이 덧없는 줄 모르고 여섯 정(情)을 함부로 놀려, 악마에 시달리면서 일생을 마치지 않는가! 인생 모든 일은 다 그 뜻으로 되는 것인데 어찌 스스로 힘써 구경(究竟)의 안락을 구하지 않겠는가!"

－ 법구비유경, 심의품

33

마음은 가벼이 이리저리 날뛰어
지키기 어렵고 어거하기 어렵다.
지혜 있는 사람은 이것을 다루나니
활 만드는 장색이 화살을 다루듯.

心多爲輕躁　難持難調護
智者能自正　如匠搦箭直

안심(安心)·입명(立命)은 종교의 궁극 목적일 것이다.
그러나 바르지 못한 생활의 개조에 의한 안심과, 바르지 못한 생활 그대로의 안심과는 다르다.
후자에서 종교는 확실히 아편이다.

34

고기가 물에서 잡혀 나와
땅바닥에 버려진 것처럼,
악마 무리가 날치는 속에서
우리 마음은 두려워 떨고 있다.

如魚在旱地　以離於深淵
心識極惶懼　魔衆而奔馳

누가 "당신은 지금 무슨 생각을 하고 있느냐?"고 묻는다면, 당신은 얼굴을 붉히지 않고 곧 대답할 수 있는 무슨 생각을 갖고 있습니까?

35

욕심을 따라 함부로 날뛰는
마음을 지키기는 어려운 일이다.
그 마음 항복받음 훌륭한 일이니,
항복한 마음은 즐거움을 가져온다.

輕躁難持 唯欲是從 制意爲善 自調則寧

우리가 우리의 깨끗한 마음을 가지고 또 그에 따라 행할 때, 신의 명령처럼 부드럽고 이롭고 자비로운 것은 없을 것이다.

36

욕심을 따라 함부로 날뛰는
마음은 미묘하여 보기 어렵다.
지혜 있는 사람은 스스로 지키나니,
지켜진 마음은 즐거움을 가져온다.

意微難見 隨欲而行 慧常自護 能守則安

사람의 가슴속이 거울처럼 서로 보이지 않음은 얼마나 다행한 일인가!
거리 사람들의 의젓한 걸음걸이는 눈물겨운 희극이다.

37

멀리 가고, 혼자 가고
그윽한 곳에 숨어 형체가 없는
마음을 제어하여 도를 따르면,
악마의 속박은 스스로 풀리나니.

獨行遠逝　覆藏無形　損意近道　魔繫乃解

남을 속이지 않고 속일 줄도 모르는 꼿꼿하고 정직한 사람이, 의외에도 자기 자신을 잘 속이는 정직하지 못한 데가 있다.
그러므로 남을 두고 하는 비난이 오히려 자기에게 오기에 보다 적절한 것임을 우리는 흔히 들을 수 있다.
정직한 이 한 사람도 없다.

38

마음이 편안히 머물지 않고
법다운 법도 모르며,
세상일에 함부로 들떠 헤매면
원만한 지혜는 있을 수 없다.

心無住息　亦不知法　迷於世事　無有正智

아직, 아직 몰라서 못한 우치(愚痴)는 없다.
알면서 못하고, 알면서 끌리는 우치가 있을 뿐이다.
지(知)의 지(知)와 행(行)의 지(知) — 여기서 현(賢)·우(愚)와 범(凡)·성(聖)이 갈린다.

39
마음은 고요히 머물지 않고
끊임없이 변해 끝이 없나니,
이것을 어진 이는 깨달아 알아
악을 돌이켜 복을 만든다.

念無適止　不絶無邊　福能遏惡　覺者爲賢

개성의 힘과 운명.
바람 비 너무 세면 나무 부러지고
너무 약하면 나무 못 견딜 적막일 것이다.

40
이 몸을 빈 병과 같다고 보고
이 마음 성처럼 든든히 있게 하여,

지혜로써 악마와 싸워 이겨
다시는 그들을 날뛰게 하지 말라.

觀身如空瓶　安心如丘城
以慧與魔戰　守勝勿復失

악을 피해 달아나는 것은 비겁이다.
악을 쳐부수는 것은 용감이다.
그것을 미화(美化)·선화(善化)하는 것은 진정한 사랑의 빛이요 향기다.

41
아아, 이 몸은 오래지 않아
도로 땅으로 돌아가리라.
정신이 한번 몸을 떠나면,
해골만이 땅 위에 버려지리라.

是身不久　還歸於地　神識已離　骨幹獨存

죽음은 인생의 영원한 풍자다.
동시에 영원한 생의 찬미자다.

42

원수의 하는 일이 어떻다 해도,
적의 하는 일이 어떻다 해도,
거짓으로 향하는 내 마음이
내게 짓는 해악보단 못하다.

心豫造處　往來無端　念多邪僻　自爲招惡

선에는 당장의 성패 외에 보다 직접적인 별다른 기쁨이 있다.
악에는 당장의 성패 외에 보다 직접적인 두려움이 있다.
당신 혼자 하는 소리를 주의해 들으십시오.

43

아버지 어머니가 어떻다 해도,
친척들의 하는 일이 어떻다 해도,
정직으로 향하는 내 마음이
내게 짓는 행복보단 못하다.

是意自造　非父母爲　可勉向正　爲福勿回

그에게 이(利)를 주기 위해서는 그를 속여도 좋은가?
그에게 해를 주어도 그에게 진실하여야 하는가?

4. 화향품(華香品)

 옛날 '사위'성에 한 '전타라(천민)'가 있어, 똥치기업으로 겨우 목숨을 이어 갔다. 부처님은 그를 보고 말씀하셨다.
 "너 중이 되겠는가."
 그는 대답했다.
 "지옥·아귀·축생도 도(道)에 들어갈 수 있습니까?"
 "내 먼 옛날로부터 수없는 행을 닦아 불도를 이룬 것은, 바로 죄와 고통에 빠진 사람을 구하기 위한 것뿐."
 부처님은 곧 그를 데리고 기원정사로 돌아가 계를 주어 '사미'로 만들었다.
 그 때 바사닉 왕은 이 소식을 듣고 '부처님은 석가족의 귀한 집에서 태어났고, 그 좌우의 제자들도 모두 장로·바라문·찰제리족이다. 그런데 이제 전타라를 제자로 삼았다니, 내 어찌 그를 대해 참아 굴복하고 예경하겠는가?' 하고 생각했다. 그래서 이내 수레를 몰아 부처님 처소로 갔다. 거기서 먼저 전타라의 출가한 신통을 보고, 또 진흙 속의 연꽃의 게송(58, 59 참조)을 듣고는, 마음에 즐거움이 가득해 돌아갔다.

— 출요경, 화향품

44

누가 살 만한 땅을 가릴 것인가.
누가 지옥을 버리고 천계(天界)를 취할 것인가.
누가 거룩한 법을 설하기를
꽃을 가려 꺾는 것같이 할 것인가.

孰能擇地　捨鑑取天　誰說法句　如擇善華

어떤 목적에 강제된 혜물(惠物), 어떤 이유에 이용된 동정은 항상 받는 자에게 슬픔을 주고 중량을 더한다.
마치 무리로 따진 신과(辛果)처럼.
연착(戀着)의 인력(引力)이 더해 있기 때문이다.

45

공부하는 사람은 좋은 땅을 가린다.
지옥을 버리고 천계(天界)를 취한다.
그는 거룩한 법을 설하기를
좋은 꽃을 가려서 꺾는 것같이 한다.

學者擇地　捨鑑取天　善稅法句　能採德華

이 세계는 선을 하기에 적당하게 되어 있다 — 사바 세계.
그러므로 신은 어떠한 불행, 어떠한 불합리로도

인간과 인간의 서로 돕고, 서로 사랑하고, 서로 위안하는 행복을 제지할 권력은 없다.

46

이 몸은 물거품 같다고 보고
모든 일은 아지랑이라 깨달은 이는,
악마의 꽃화살*을 꺾어 버리고
죽음의 왕을 보는 일 없다.

* 우리 마음을 유혹하는 모든 욕심의 경계.

見身如沫　幻法自然　斷魔華敷　不覩生死

우리는 환(幻)의 세계에 산다.
환의 세계에 살면서 환의 세계를 뛰어넘을 수 있다.
환의 세계를 뛰어넘는다는 것은, 환의 세계 그대로를 실상으로 파악하고 생활하는 것이다.

47

예쁜 꽃을 따 모으기에
마음이 오로지 빠진 사람을,
죽음은 어느새 잡아가나니,

마치 잠든 마을을 물이 휩쓸듯.

如有採華　專意不散　村睡水漂　爲死所牽

거리의 군중을 바라볼 때, 더구나 밤거리의 군중을 바라볼 때, 나는 언제나 무거운 짐을 지고 끝없는 사막을 허덕이는 낙타 떼를 연상하는 불행을 가진다.
그리고 하늘 한 끝에서 노려보는 싸늘한 조각달의 조소의 눈동자에 전율하면서…….

48
예쁜 꽃을 따 모으기에
마음이 오로지 빠진 사람은,
몸은 어느새 시들고 마나니,
그 욕심 아직도 채우기 전에.

如有採華　專意不散　欲意無厭　爲窮所困

쾌락은 고통의 어머니.
그는 시간이라는 아버지를 맞아들여,
곧 애정(愛情)이라는 아들을 낳는다.

49

꽃의 빛이나 향기를 해치지 않고
오직 꿀을 앗아 날아가는 벌처럼,
지혜 있는 사람도 그러하고자.
마을 들어 행걸(行乞)할 때 그러하고자.

如蜂集華 不嬈色香 但取味去 仁入聚然

오직 하나의 우정은 다른 여러 우정의 책무를 풀어 준다.
오직 하나의 사랑은 다른 여러 사랑의 유혹을 끊어 준다.
오직 하나의 길은 다른 여러 갈래의 길의 미혹을 구해 준다.

50

남의 잘못을 보지 말고,
행하고 행하지 않는 것 보지 말고,
오직 항상 자기를 돌보아,
법에 맞나 안 맞나를 살펴보고자.

不務觀彼 作與不作 常自省身 知正不正

그것은 도리어 자신을 허물하는 것이라 하여, 남의 자기에 대한 나무람을 비웃는다.
"네게도 그런 허물이 있지 않느냐?" 하며, 도리어 반항하고 꾸짖는다.

개 앞에서도 고요히 머리를 숙여라. 네 허물은 언제나 네 허물이 아니냐?

51

사랑스러운 예쁜 꽃이
빛깔만 고와 향기가 없듯,
아무리 좋고 아름다운 말도
행하지 않으면 결과가 없나니.

如可意華　色好無香　工語如是　不行無得

그것이 아무리 훌륭하더라도, 원리는 어디까지나 원리인 것뿐이다. 그것이 직접 실행에로 응용되어, 일상 생활의 용광로에서 시련되기까지는, 우리의 인격에 대한 그의 가치는 매소부(賣笑婦)의 머릿기름과 분(粉)에 불과할 것이다.

52

사랑스러운 예쁜 꽃이
빛깔도 곱고 향기가 있듯,
아름다운 말을 바르게 행하면
반드시 그 결과 복이 있나니.

如可意華　色美且香　工語有行　必得其福

피우십시오. 마음껏, 한껏 활짝 피우십시오.
지금은 꽃 피는 시절, 열매를 생각하는 공리성을 버리십시오.
열매의 시절은 바빠 하지 않아도, 기다리지 않아도 너무나 빨리 올 것입니다.
그리고 충실한 열매는 오직 꽃에 있습니다.

53

여러 가지 고운 꽃을 모아
많은 화만(華鬘)을 만드는 것같이,
사람도 좋은 업을 모아 쌓으면
저승의 좋은 결과 복을 받나니.

多集衆妙華　結鬘爲步瑤
有情積善根　後世轉殊勝

등뒤에 무한한 어둠의 시간, 눈앞에 무한한 어둠의 시간…….
그 중간의 한 토막, 이것이 나의 생이다.
불을 붙이자. 빛을 내자.

54

부용이나 전단(향나무 이름)의 좋은 향기도

바람을 거슬러선 피우지 못하지만,
덕의 향기는 바람을 거슬러도,
모든 방위에 두루 피운다.

花香不逆風　芙蓉栴檀香
德香逆風薰　德人徧聞香

꼭 집어 낼 만한 단점은 발견할 수 없으면서, 어딘가 사귀기가 거북한 사람이 있다.
또한 이렇다 할 장점을 발견할 수 없으면서, 어딘가 남의 마음을 온통 앗아가는 사람이 있다.
인격의 조화성, 즉 인격의 향기에 있는 것이다.

55

전단이나 '다갈라(향 이름)'
청련화 '발사길(향나무 이름)'
아무리 그 향기 좋다 해도
계(戒)의 향기만 못하다.

栴檀多香　靑蓮芳花　雖曰是眞　不如戒香

가장 친절한 교사도 자기 자신뿐이다.
가장 진실한 교재(校材)도 자기 자신뿐이다.

가장 정밀한 교안(校案)도 자기 자신뿐이다.

56

다갈라, 전단의 그 향기도
보잘것없는 이 세상 것뿐.
계를 가진 사람의 그 향기는
하늘에까지 미쳐 가나니.

華香氣微　不可謂眞　持戒之香　到天殊勝

구슬은 어느 모나 빛나고, 부숴져도 빛난다.

57

계를 갖추어 이루고
행실이 방일하지 않음에 머물러,
바르게 알아 해탈한 사람에게
악마는 그 틈을 타지 못한다.

戒具成就　行無放逸　定意度脫　長離魔道

우리 생활로 하여금,
거기에는 행복이라거나 불행이라는 신의

아무런 가치도 없게 하라.

58
큰길가에 버려진
쓰레기, 진흙 무더기 속에,
아름다운 연꽃이 피어나
꽃다운 향기를 피우는 것처럼,

如作田溝　近于大道　中生蓮華　香潔可意

구태여 많은 경험을 요할 필요가 없을 것 같다.
사고(四苦), 팔고(八苦)는 인생에서 영원한 것이요, 또 보편적인 것이다.
그러나 석가가 참으로 보았다.

59
이와 같이, 쓰레기 같은
어둠 속에 헤매는 중생들 속에
지혜 있는 사람은 즐거이 나타나
거룩한 부처님의 제자가 된다.

有生死然　凡夫處邊　慧者樂出　爲佛弟子

위대한 체험적 인격자를 생각할 수 없는 진리,
그것은 어딘가 쓸쓸하다.
마치 꽃 없는 봄처럼.

5. 우암품(愚闇品)

부처님은 말씀하셨다.

"밖으로 적을 물리치고, 안으로 간사한 놈들을 잘 막는 것을 대장이라고 한다. 만일 대장으로서 그 생각이 여러 사람 중에서 뛰어나지 못하고, 한갓 이름만 탐내어 적 속에 깊이 들어가 헤어나오지 못한다면 어떻겠는가. 혹은 안으로는 겁쟁이로서 밖으로만 사나운 모양을 나타내어, 싸울 때에는 적을 두려워해 물러나고, 상 줄 때에는 함부로 남의 앞장에 서려 한다면 어떻겠는가. 이런 대장은 스스로 자기 몸을 편안하게 하지 못할 뿐 아니라, 남까지도 편안하게 하지 못할 것이다. 조달 비구도 이런 사람이다. 함부로 아사세 태자의 재물을 받아 도리어 자기의 재앙을 받을 뿐 아니라, 남까지 죄에 빠지게 하니, 그 두 죄는 쌓이고 쌓여 말할 수 없는 것이다."

— 출요경, 이양품

60

잠 못 드는 사람에게 밤은 길어라.
피곤한 사람에게 길은 멀어라.
바른 법을 모르는 어리석은 사람에게
아아, 생사의 밤길은 길고 멀어라.

不寐夜長　疲惓道長　愚生死長　莫知正法

고달피 잠든 사람의 얼굴을 들여다보는 것은 슬픈 일이다.
인생에 대해서 나를 낭패시키고, 나 자신을 포기시키기 쉽기도 하다.
그러나 자기 이탈의 좋은 교훈이요, 자기 영사(影寫)의 좋은 거울이다.

61

나보다 나을 것 없고
내게 알맞은 길벗 없거든,
차라리 혼자 가서 착함을 지켜라.
어리석은 사람의 길동무 되지 말라.

學無朋類　不得善友　寧獨守善　不與愚偕

먼저 고독과 친하십시오. 고독은 당신의 마음을 보여 줄 것입니다.
그리고 당신은 그 마음을 사랑하십시오. 당신의 마음은 모든 비밀을 숨김 없이 보여 줄 것입니다.

참으로 사랑하는 자에게만 모든 것은 그 진실을 보여 줍니다.

62
내 아들이다, 내 재산이다 하여
어리석은 사람은 괴로워 허덕인다.
나의 '나'가 이미 없거니,
누구의 아들이며 누구의 재산인고!

有子有財　愚惟汲汲　我且非我　何有子財

한 세계에 다 같이 살면서, 또한 제각각 다른 세계에 산다는 것은 슬프고 외로운 일이다.
그러나 다 같이 제각각 다른 세계에 살면서 서로 눈짓하고, 서로 허여(許與)하고, 서로 이해의 미소를 바꾼다는 것은 얼마나 신비롭고 기쁜 일인가.
"여기 내가 있다 – 어디 내가 있느냐?"

63
어리석은 사람으로 '어리석다'고
스스로 생각하면 벌써 어진 것이다.
어리석은 사람으로 '어질다' 생각하면
그야말로 어리석음, 어리석은 것이다.

愚者自稱愚　常知善黠慧
愚人自稱智　是謂愚中甚

"너 자신을 알라." – 소크라테스
여기서 모든 철학과 종교의 기원이 출발한다.
우주와 자기 자신과의 관계, 그에 대한 자기 자신의 위치의 확인.
여기서 지식과 논리의 합리적 철학이 그의 가능성의 한계를 아는 총명을 가질 때, 비로소 무한한 가능의 신앙과 행지(行知)의 종교 세계가 눈앞에 전개될 것이다.

64

어리석은 사람은 한평생 다하도록
어진 사람을 가까이 섬기어도
참다운 법을 알지 못하나니,
숟가락이 국 맛을 모르는 것처럼.

愚人盡形壽　承事明智人
亦不知眞法　如杓斟酌食

안 보이는 것이 없다. 내가 못 보는 것이다.
안 들리는 것이 없다. 내가 못 듣는 것이다.
안 되는 것이 없다. 내가 못 하는 것이다.

65

지혜로운 사람은 잠깐이라도
어진 사람을 가까이 섬기면
곧 참다운 법을 바로 아나니,
혀가 국 맛을 아는 것처럼.

智者須臾間　承事賢聖人
一一知眞法　如舌了衆味

말없는 가운데 강한 호흡이 맞고, 떠나 있어 심장의 고동을 같이하는 느낌의 세계.
얼마나 아름답고 신비로운 인생인가!

66

어리석어서 지혜 없는 중생은
자기에 대해서 원수처럼 행동한다.
욕심을 따라 악한 업 지어
스스로 고통의 결과를 얻는다.

愚人施行　爲身招患　快心作惡　自致重殃

사람은 자기 자신과 무슨 원수를 맺었는가?

67

악한 업을 지은 뒤에
갚음을 받아 스스로 뉘우치며,
눈물을 흘려 슬퍼하나니,
그 갚음은 어디서 온 것인가!

行爲不善　退見悔悋　致涕流面　報由宿習

운명이란 어떤 인(因)에서 오는 과(果)이다.
그러므로 그에 대한 불평 불만은,
그 인이 자작(自作)의 인임을 자각하지 못하는 데서 온다.

68

착한 업을 지은 뒤에
갚음을 받아 뉘우침 없고,
스스로 복을 누려 기뻐하나니,
그 갚음은 어디서 온 것인가!

行爲德善　進覩歡喜　應來受福　喜笑悅習

착한 사람의 고난,
이것은 얼른 보아 모순의 극이다.
그러나 착한 사람이기 때문에, 또한 그 고난에 순일하기 때문에 착한 사람이 착한 사람으로 된 것이 아닐까?

69

그릇된 죄가 아직 익기 전에는
어리석은 사람은 꿀같이 생각한다.
그릇된 죄가 한창 익은 때에야
어리석은 사람은 비로소 고통한다.

過罪未熟　愚以恬惔　至其熟時　自受大罪

자기의 죄악을 숨기기 위해서 거짓을 꾸미고, 자기의 주장을 세우기 위하여 본의 아닌 진리를 억지로 우긴다.
하나의 죄 위에 하나의 죄를 더하는 것이다.
자기는 벌써 질식했다.

70

어리석은 사람은 형식만 따라
달마다 음식에 고행을 본받아도,
그는 참된 법을 아는 사람의
16분의 1(아주 작은 부분)에도 미치지 못한다.

從月至於月　愚者用飮食

彼不信於佛　十六不獲一

우상이란 목석이나 쇠붙이만이 아니다.
섬기지 않을 것을 섬기는 것, 내가 마땅히 시키고 부려야 할 것을 도리어 섬기고 복종하는 것이 모두 우상이다.
부귀·명예·지식·색정 등…….

71
금세 짜낸 쇠젖은 상하지 않듯,
재에 덮인 불씨는 그대로 있듯,
지어진 업이 당장에는 안 보이나
그늘에 숨어 있어 그를 따른다.

惡不即時　如搆牛乳　罪在陰伺　如灰覆火

죄업이 두려워, 고뇌를 벗어나려 너는 산 속으로, 바닷가로, 공중으로 가 보려무나.
그러나 그 방소(方所)는 바이없을 것이다.
먼저 네 마음에서 벗어나라! 마음에서!

72
어리석은 사람의 악한 생각은

언제나 끊임없이 어둠을 흐르면서,
그의 좋은 운수를 좀먹어 가다가
마침내 갚음으로 머리를 잘리나니.

愚生念慮　至終無利　自招刀杖　報有印章

남 앞에서의 부끄러움이란, 어떤 악의를 가지고 있다는 것이 아니다. 어떤 악행을 했다는 것이다.
사람과 범인(犯人) 사이엔 제어했느냐 못했느냐는 차이가 있을 뿐이다.
그러나 이 범인에게 돌을 던지는 그대는 누구뇨? 모든 붉은 빰을 가진 어떤 짐승은…….

73

어리석은 사람은 이익을 탐하고
부질없는 존경이나 이름을 구하며,
집에서는 주권을 다투고
남의 집에서는 공양을 바란다.

愚人貪利養　求望名譽稱
在家自興嫉　常求他供養

칭찬이란 사람을 기쁘게 하는 동시에, 불안과 두려움을 준다.
도리어 후자가 더 클지도 모른다.

그리하여 그것은 잘도 사람을 인형으로 조종하는 힘을 가지고 있다.

74

'모든 것은 나를 위해 생긴 것이다.'
'모든 것은 내 뜻대로 될 수 있다.'고
속인도 중도 이렇게 생각한다.
그러나 이것은 바른 생각 아니거니,
어리석은 사람은 이렇게 생각하여
욕망과 교만을 날로 키운다.

勿猗此養　爲家捨罪　此非至意
用用何益　愚爲愚計　欲慢用增

저보다 약한 자만을 가려서, 자기의 우월감을 향락하려는 사람이 많다.
슬픈 풍경이다.

75

하나는 이양(利養 : 부귀)의 길,
하나는 열반의 길.
이것을 밝게 아는 사람은
참 비구요, 부처님 제자다.
그는 부귀를 즐기지 않고

한가히 살아 마음이 편안하다.

異哉失利　泥洹不同　諦知是者
比丘佛子　不樂利養　閑居却意

물질 생활이 궁핍할 때, 정신 생활의 풍부가 필요하다.
그러나 물질 생활이 풍부할 때는, 더욱 정신 생활의 풍부가 필요하다.

6. 현철품(賢哲品)

옛날, 한 바라문이 있었는데 총명하고 재주 있어 못하는 일이 없었다. 그는 스스로 맹세했다. '한 가지 재주라도 능하지 못한 것이 있으면 그것은 천재가 아니다. 나는 천하의 기술을 두루 통해서 이름을 세계에 떨치겠다.'고. 그래서 사방으로 유학해서 인간의 일이란 모조리 통달한 뒤 천하를 두루 돌아다녔지만, 누구 하나 감히 재주로써 그를 맞서지 못했다.

그 때 부처님은 이것을 교화하시기 위해서 중의 모양으로 그에게 가셨다. 바라문은 물었다.

"그대는 어떤 사람이건대, 행색이 보통 사람과 다르구나."

부처님은 대답하셨다.

"나는 자기 자신을 다루는 사람이다."

그리고 곧 다음의 게송(80, 81, 82 참조)을 설하셨다. 바라문은 곧 몸을 땅에 던져 예배하고, 몸 다루는 법을 물었다.

— 법구비유경, 현철품

76

착하고 악함을 자세히 살피고
피해야 할 일을 마음으로 알아,
그것을 두려워해 범하지 않으면
마침내 걱정은 없어지리니,
그 길을 알려 주는 친구를 만나거든
이 어진 사람을 따라 짝하라.
이런 사람을 짝으로 할 때
복록은 갈수록 끝이 없나니.

深觀善惡　心知畏忌　畏而不犯　終吉無憂
故世有福　念思紹行　善致其願　福祿轉勝

충고.
그것은 흔히 하나의 지배욕, 혹은 자기 우월의 지위적 요구의 가장에 불과할 수도 있다.

77

밤낮을 부지런히 힘써
굳세게 계를 지켜
착한 사람의 공경하는 바 되라.
악한 사람의 사랑이 되지 말라.

晝夜當精勤　牢持於禁戒
爲善友所敬　惡友所不念

회피하는 한, 두려움은 영원하다.
기다리는 한, 기회는 달아난다.
한 번 부닥쳐 보라! 돌입해 보라! 현실의 교재(敎材)는 살아 있다.

78
악한 사람과 짝하지 말고
어리석은 사람과 짝하지 말라.
착한 친구를 생각해 따르고
뛰어난 선비를 친구로 하라.

常避無義　不親愚人　思從賢友　狎附上士

전언(顚言)·도어(倒語)도 하나의 의미를 가진 철학이다.
그것은 인생의 뒷문을 엿본 비밀이요, 인간의 심장을 쏜 화살이다.
그러므로 모든 사람은 그를 가까이하기를 두려워한다.

79
법을 즐기면 언제나 편안하다.
그 마음은 기쁘고 그 뜻은 깨끗하다.

이런 어진 사람은 성인의 법을 들어
그것을 항상 즐거이 행한다.

喜法臥安　心悅意淸　聖人演法　慧常樂行

모든 종교적 안심은 체관(諦觀)이다.
이 체관이란, 단순한 소극적인 단념이 아니다.
그것은 자연적 추이에의 노력이요, 사물의 영원상(永遠相)에서의
파악이다.

80
활 만드는 사람은 화살을 다루며,
물 대는 사람은 물을 끌고,
목수는 나무를 다루고,
지혜 있는 사람은 자기를 다룬다.

弓工調角　水人調船　材匠調木　智者調身

자율적인 도덕 관념이 결핍될 때, 제재적인 법의 타율이 생겼다.
그 법률마저 힘이 없어질 때는 또 무엇이 생겨날 것인가!

81
아무리 바람이 불어도

반석은 흔들리지 않는 것처럼,
어진 사람은 뜻이 굳세어
비방과 칭찬에 움직이지 않는다.

譬如厚石　風不能移　智者意重　毀譽不傾

아아, 나는 얼마나 나의 생명을 낭비하였던고!
이웃 사람의 애교 있는 눈의 일별을 사기 위해서,
친구들의 진실 없는 교언영색을 향락하기 위해서.

82
깊은 못은 맑고 고요해
물결에 흐리지 않는 것처럼,
지혜 있는 사람은 도를 들어
그 마음 즐겁고 편안하다.

譬如深淵　澄靜淸明　慧人聞道　心淨歡然

항구에 매여 있는 배는 언제나 편안하다.
그러나 배는 언제나 항구에 매여 있기 위해 지어진 것은 아니다.

83

선사(善士)는 탐하는 욕심이 없어
가는 곳마다 그 모습 환하다.
즐거움을 만나도, 괴로움을 만나도
허덕이거나 슬퍼하지 않는다.

大人體無欲　在所昭然明
雖或遭苦樂　不高現其智

진도, 선도, 미도 모두 자기에게 있어서만 진이 되고, 선이 되고, 미가 되는 것이다.
자기를 속이는 것은 불·신을 속이는 것이다.
평판과 칭찬만을 제일의 행복으로 생각하는 사람, 저주받을 생활이다.

84

대인(大人)은 세상일에 빠지지 않아
자손·재물·토지를 바라지 않고,
항상 계(戒)와 지혜와 도를 지키어
그릇된 부귀를 탐하지 않는다.

大賢無世事　不願子財國
常守戒慧道　不貪邪富貴

어떻게 보면, 거의 모든 사람은
부나 귀 또는 명예에 자기의 자유 정신의 활동이 완전히 속박된 때에
비로소 명사(名士)가 되는 성싶다.

85

세상은 모두 욕심에 빠져
피안(彼岸)에 이른 사람 아주 드물다.
혹 사람 있어 마음을 가졌어도
이쪽 언덕(생사) 위에서 헤매고 있다.

世皆沒淵　鮮克度岸　如或有人　欲度必奔

우리의 이상이 현실을 부인할수록,
현실에 알맞은 우리의 수단이어야 한다.

86

진실로 도를 뜻하는 사람은
바른 가르침을 받아 행한다.
생사의 세계 건너기 어려워도
그 사람만은 피안에 이르나니.

誠貪道者　覽受正敎　此近彼岸　脫死爲上

구하면서 있는 마음은 행복이다.
거기에는 노력이 있고 빛나는 침묵이 있다.
그리하여 열이 있고, 냉혹이 있고, 사념(邪念)에서 구제되는 순일이 있다.

87

지혜 있는 사람은 어두운 법을 떠나
고요히 착한 법을 생각하나니,
집을 떠나 멀리 숲 속으로 들어가
즐기기 어려운 고독을 맛본다.

斷五陰法　靜思智慧　不反入淵　棄猗其明

고적은 지금껏 눈물과 감상을 내게 주었다.
그것은 고적의 허물이 아니다.
고적이 가진 자랑스러운 영광인, 미와 향기와 힘을 내가 배우지 못했기 때문이다.

88

지혜 있는 사람은 욕심을 버려
한 가지 물건도 가지지 않고
스스로 자기를 깨끗이 하여

모든 번뇌를 지혜로 돌이킨다.

抑制情欲 絶樂無爲 能自拯濟 使意爲慧

행복은 추구하기보다 창조해야 하는 것이다.
그리고 행복은 깨끗한 영혼에만 깃들인다.

89
마음은 바른 지혜를 따르고
뜻은 항상 바른 도를 생각해,
오로지 한 마음 진리를 알아
집착을 버림으로써 즐거움을 삼으면,
마음의 때가 다한 지견(知見)을 갖추어
이승에서 이미 열반에 든 것이다.

學取正智 意惟正道 一心受諦
不起爲樂 漏盡習除 是得度世

극락이 어딘고?
그것은 방위도 없고 거리도 없다.
어둠의 고뇌 속을 파고들라.
거기, 지옥을 지나 극락이 있다.

7. 아라한품(阿羅漢品)

　옛날에 어떤 바라문이 모든 경전을 통달해서 그 뜻을 다 알았다. 스스로 천하에 겨눌 이 없다 하여 적을 찾아다녔으나, 아무도 맞서는 이가 없었다. 그래서 크게 교만한 마음을 일으켜 대낮에 횃불을 들고 성으로 들어갔다. 누가 물으면 "세상이 하도 어두워 눈이 있어도 보이는 것이 없다. 그래서 횃불을 들어 세상을 비춘다."고 했다. 부처님은 이를 불쌍히 여기셔서, 그에게 나아가 물으셨다.
　"경전에 사명(四明)의 법이 있는데 그대는 아는가?"
　바라문은 대답할 수 없어 사과하고, 이내 제자가 되기를 원했다.

－ 법구비유경, 다문품

90

지나야 할 길(생사의 길)을 이미 지나고
끊어야 할 걱정 일체 떠나서,
모든 얽매임에서 벗어난 사람에겐
괴로움도 번뇌도 있을 수 없다.

去離憂患 脫於一切 縛結已解 冷而無煖

내게 세계를 지배할 수 있는 권리가 주어지지 않았다는 것은, 하나의 커다란 행복이다.

91

그들은 깊은 생각에 마음이 편안하여
다시는 사는 집(생사)을 즐겨하지 않나니,
기러기가 놀던 못을 버리고 가듯
이 세상의 사는 곳(생사)을 버리고 간다.

心淨得念 無所貪樂 已度痴淵 如鴈棄池

짐이 가벼우면 가벼울수록 우리의 행동은 보다 더 자유로울 것이다.
그러나 우리는 현재 얼마나 많은 짐을 가지고 있고, 또 애써 가지려고 하는가!
우리의 어떻게 할 수 없는 짐인 이 살덩이조차 거북해 하면서…….

더구나 우리는 나그네가 아닌가!

92

만일 사람이 의지하는 바가 없고
쓰임새에는 절도가 있음을 알아,
마음은 비고, 상(相)도 없어, 해탈에 놀 때에는
그 사람의 자취는 찾을 길 없다.

若人無所依　知彼所貴食
空及無相願　思惟以爲行
鳥飛虛空　而無足跡　如彼行人　言設無趣

아무리 훌륭하게 꾸며 보아도
원숭이는 원숭이에 지나지 않는다.
……차라리 돌아가 발가벗은 알몸으로 첫새벽의 숲 속을 거닐면서, 혼자 별이 떨어져 있는 샘물을 마시고 싶다.

93

만일 그 마음의 더러움이 다하고
거짓된 즐거움에 집착이 없이,
마음은 비고, 상도 없어, 해탈에 놀 때에는
그 사람의 자취는 찾을 길 없다.

마치 허공에 나는 새의
그 자취를 찾을 수 없듯.

如鳥飛虛空　而無有所礙
彼人獲無漏　空無相願定

불(佛)이나 신(神)은 '나'가 없다.
차라리 '나'가 없기 때문에 불·신이다.

94
만일 사람이 잘 길든 말처럼
욕심을 따르는 감관을 억제해서,
교만한 마음의 더러움을 다하면
모든 천신도 그를 공경하나니.

制根從正　如馬調御　捨憍慢習　爲天所敬

구함이 없는 자,
세계는 그 앞에 와서 엎드린다.

95
땅과 같아서 다투지 않고

산과 같아서 움직이지 않으며,
진흙이 없는 못과 같아서
이 참사람(아라한)*에게는 생사가 없다.

* 아라한은 응공(應供)으로 번역되며, 모든 사람의 존경을 받을 만한 자격이 있다는 뜻이다. 또 살적(殺賊)이란 뜻으로서, 번뇌의 적을 이미 다 죽였다는 뜻이다.

不怒如地　不動如山　眞人無垢　生死世絶

대지에 빛나는 피와 살의 기쁨,
그 속에 물결치는 생명의 호흡.
"사랑과 평화…… 사랑과 평화……"
그윽한 침묵 속의 속삭임…….

96
마음이 이미 고요해지고
말도 행동도 고요해,
바른 지혜로써 해탈한 사람은
이미 적멸에 돌아간 사람이다.

心已休息　言行亦止　從正解脫　寂然歸滅

참된 고요 – 그것은 죽은 재나 마른 나무의 뜻이 아니다.
자연과 완전히 하나가 된 맑은 마음의 경지다.

그러므로 그것은 무료가 아니다.

97

욕심을 버리고 집착을 떠나
삼계(三界)의 속박을 이미 벗어나,
유혹을 물리쳐 욕망을 버린 사람,
이야말로 가장 뛰어난 사람이다.

棄欲無着　缺三界障　望意已絶　是謂上人

희망은 즐거운 것이다.
그러나 청춘은 괴롭다.

98

촌락에서나, 숲 속에서나,
평야에서나, 고원에서나,
저 아라한이 지나가는 곳,
누가 그 은혜를 받지 않으리.

在聚在野　平地高岸　應眞所過　莫不蒙祐

내 몸을 완전히 기댈 만한 든든한 벽을 가지고 싶다.

참 마음으로 나를 안아 주는 크고 안전한 가슴을 가지고 싶다.
나를 속이는 내 마음의 괴로움을 숨김 없이 말할 수 있는 사랑을 가지고 싶다.

99
보통 사람이 좋아하지 않는
고요한 곳을 그는 즐긴다.
바랄 것 없고 구할 것 없어
위 없는 즐거움을 그는 즐긴다.

彼樂空閑　衆人不能　快哉無望　無所欲求

고독의 혓바닥에 뼛속을 핥이면서, 일생을 혼자 남몰래 지내는 것은 못 견딜 적막일 것이다.
그러나 일생을 언제나 남의 앞에서, 여러 사람의 눈앞에서 지내 본다면 그것은 더욱 못 견딜 고독일 것이다.
인생의 어디에 순수한 행복이 있는가?

8. 술천품(述千品)

 부처님이 사위국에 계실 때에 반특이라는 비구가 있었다. 원체 재주가 없어서 오백 명의 아라한이 날마다 그를 가르치기 삼 년, 그러나 한 게송도 깨닫지 못했다. 천하 사람이 그의 우둔을 알았다. 부처님은 그를 불쌍히 여겨 "입을 지키고, 뜻을 거두고, 몸으로 범하지 말라."는 한 게송을 일러 주시고, 그 뜻까지 자세히 설명해 주셨다. 빈특은 문득 크게 깨쳐 아라한이 되었다.

 어느 날, 파사익 왕은 부처님과 여러 제자를 청했다. 부처님은 반특에게 바루를 들리시고 뒤를 따라 그의 위신(威神)을 나타내게 하셨다. 왕이 놀라 물었을 때에 부처님은 대답하셨다.

 "반드시 많이 배우는 것을 필요로 하지 않는다. 행하는 것이 제일이다. 아무리 많이 배우고 많이 알더라도 그것을 행하지 않으면 무슨 이익이 있겠는가?"

 곧 다음의 게송(100, 101, 102 참조)을 설하시매, 모두 기뻐했다.

- 법구비유경, 술천품

100

비록 천 글귀를 외더라도
그 글 뜻이 바르지 못하면,
단 한 마디 말을 들어서라도
편안함을 얻으면 그것이 낫다.

雖誦千言 句義不正 不如一要 聞可滅意

우주를 주어도 바꿀 수 없는 목숨,
이 목숨마저
오직 한 마디를 위해
한 마디 법을 위해
즐거이 버리나니.

101

비록 천 게송을 외더라도
그 글 뜻이 없으면 무엇이 유익하리.
단 하나의 뜻을 들어도
편안함을 얻으면 그것이 나으리.

雖誦千章 不義何益 不如一義 聞行可度

"아침에 도를 들으면 저녁에 죽은들 무슨 뉘우침이 있으랴." - 공자

102

아무리 경전을 많이 외어도
그 글 뜻을 모르면 무엇이 유익하리.
단 한 구의 법을 알아도
그것을 행하면 도를 얻으리.

雖多誦經　不解何益　解一法句　行可得道

입으로 읽지 말고
뜻으로 읽자.
뜻으로 읽지 말고
몸으로 읽자.

103

전쟁에서 수천의 적과
혼자 싸워서 이기기보다,
하나의 자기를 이김이야말로
참으로 전사(戰士) 중의 최상이니라.

千千爲敵　一夫勝之　未若自勝　爲戰中上

우리의 생활은 싸움이다.
그러나 남보다도 자기와의 싸움이다.

104

자기를 이기는 것이 제일이니라.
그러므로 그는 사람 중의 왕.
다른 여러 사람을 이기는 것 아니다.
오직 자기를 다루어 따르라.

自勝最賢　故曰人雄　護意調身　自損至終

"산 속에 잠복한 적을 쳐부수기보다 자기 마음속의 적을 쳐부수기가 더 어렵다." - 왕양명

105

언제나 자기를 다루어 따르면
그 사람의 빛나는 승리에는,
신·건달바(귀신의 일종)도, 악마도, 범(梵)도
그 사람의 승리에는 반항할 수 없나니.

雖曰尊天　神魔梵釋　皆莫能勝　自勝之人

이기고도 지는 수 있고
지고도 이기는 수 있다.

106

한 달에 천 번씩 제사를 드려
목숨이 다하도록 쉬지 않아도,
오로지 한 마음으로 법을 생각하는
잠깐 동안에 짓는 그 공덕만 못하니라.

月千反祠　終身不輟　不如須臾
一心念法　一念造福　勝彼終身

모든 빛이 내게서 떠나갈 때
태양이 잠기고
달이 떨어지고
별이 숨고
불이 꺼지고
모든 빛이 내게서 떠나갈 때
오직 나만이 하나의 등불이다

107

비록 한평생 목숨이 다하도록
날마다 아기니(火神)를 받들어 섬기어도,
삼세(三世)의 부처님께 돌아가 공양하는
잠깐 동안에 짓는 그 공덕만 못하니라.

雖終百歲 奉事火祠 不如須臾
供養三尊 一供養福 勝彼百年

단순한 필요가 일체의 사물을 지배할 때, 이 우주는 하나의 노동 시장으로 화할 것이다.
화초의 향기도, 별들의 신비도 하나의 어지러운 티끌 속의 고역상(苦役相)에 지나지 않을 것이다.
사랑의 희생이 없는 곳에 어디 법칙의 자유가 있을 것인가?

108
신에게 제사하여 복을 구하고
또 다음에 올 갚음을 바란다 해도,
아라한을 경례하는 그것보다는
4분의 1에도 값하지 못하나니.

祭神以求福 從後望其報
四分未望一 不如禮賢者

사람은 지배욕을 가지고 있는 동시에 숭배욕도 가지고 있다.
모든 존재에 대해서 최고자로서 군림할 수 있는 세계를 원하는 동시에, 그 앞에 꿇어앉을 수 있는 절대적인 어떤 대상을 찾는 열정과 희원(希願)도 가지고 있다.

109

항상 예절을 잘 지키고
장로(長老)를 높이는 사람에게는
네 가지 복이 더하고 자라나니,
수(壽)와 아름다움과 즐거움과 힘이.

能善行禮節　常敬長老者
四福自然增　色力壽而安

도의에 어긋나고 염치를 모르는 말씨와 행동을 함부로 하여
남을 놀리고 모욕한 뒤, 그것을 자랑인 듯
사람 앞에서 승리감으로 뻐기는 사람이 있다!

110

비록 사람이 백 년을 살아도
계를 버려 어지러이 날뛰면,
하루를 살아도 계를 갖추어
고요히 생각함만 못하다.

若人壽百歲　遠正不持戒
不如生一日　守戒正意禪

오래 사는 것이 문제가 아니다.

어떻게 살 것인가를 생각하라.

111
비록 사람이 백 년을 살아도
악한 지혜가 어지러이 날뛰면,
하루를 살아도 지혜를 갖추어
고요히 생각함만 못하다.

若人壽百歲　邪僞無有智
不如生一日　一心學正智

운명의 힘도 살 줄 아는 자에게는 할 수 없는 것이다.
또한 죽을 줄 아는 자에게도 할 수 없는 것이다.
대개 죽음이란, 그 사람의 삶과 같지 않아서는 안 되기 때문이다.

112
비록 사람이 백 년을 살아도
게으르고 약해 정진(精進)하지 않으면,
하루를 살아도 용맹하고 굳세어
꾸준히 노력함만 못하다.

若人壽百歲　懈怠不精進

不如生一日　勉力行精進

마음껏 힘껏 노력해 보라.
시간은 지극히 공평한 것,
미지의 내일이 그대에게만 음험할 까닭이 없을 것이다.

113

비록 사람이 백 년을 살아도
일의 성패를 알지 못하면,
하루를 살아도 기미를 보아
피할 바를 아는 것만 못하다.

若人壽百歲　不知成敗事
不如生一日　見徵知所忌

내가 무엇 하러 났느냐? 나는 모른다. 그러므로 내 생의 구극 목적도 모른다.
그러나 한 가지 – '뜻있는 노력'이 생의 제일의(義)요, 제일의 가치임을 나는 체험으로 알았다.
그러므로 우리는 행복을 주관적인 것으로 만들 필요가 있다.

114

비록 사람이 백 년을 살아도

감로(甘露)의 길을 보지 못하면,
하루를 살아도 그 길을 보아
그 맛을 보는 것만 못하다.

若人壽百歲　不見甘露道
不如生一日　服行甘露味

인생과 우주는 영원한 처녀림이다.
그는 그의 최후의 것까지 벌써 오래 전부터 우리에게 허락해 준 첫날밤의 신부. 키스도 거절하지 않고 포옹에도 반항하지 않는다.

115

비록 사람이 백 년을 살아도
최상의 법의 뜻을 알지 못하면,
하루를 살아도 불법을 들어,
그 뜻을 아는 것만 못하다.

若人壽百歲　不知大道義
不如生一日　學推佛法要

우리의 생의 진리가
삼척평방(三尺平方)의 무덤에 구극(究極)했다면,
이 인류의 역사가 없어진 지 벌써 오래였을 것이다.

9. 악행품(惡行品)

 나열기국의 남쪽에 큰 산이 있다. 남방의 여러 나라로 가려면 이 산을 지나야 한다. 산중에는 도둑이 있어 골짝에 숨었다가 지나가는 사람을 겁탈하는데, 나라에서 토벌을 해도 잡을 수가 없었다.

 그 때에 부처님은, 저 도둑들이 사람의 죄와 복도 모르고, 세상에 부처님이 계셔도 만나 볼 줄 모르며, 법의 북이 날로 울려도 그것을 듣지 않아서, 이것을 제도하지 않으면 마치 바다에 잠기는 돌처럼 될 것을 불쌍히 여겨 그들에게 나아가 말씀하셨다.

 "천하의 병은 걱정보다 무거운 것이 없고, 사람을 해치기에는 어리석음보다 심한 것이 없다. 너희는 마음속에 탐욕의 걱정과 해침의 어리석음을 품고 있다. 이 두 가지는 뿌리가 깊고 단단해서 아무리 힘있는 장사라도 뺄 수가 없다. 오직 경전의 계율을 많이 들어 그 마음의 병을 고치면, 길이 편안할 수 있을 것이다."

 뭇 도둑들은 모두 마음이 열려 기뻐하면서 곧 오계를 받았다.

— 법구비유경, 다문품

116

착한 일 보거든 바삐 좇아서
악에 대해서 마음을 보호하라.
복을 짓고도 게으르고 느리면
뜻은 악한 행실을 즐거워하나니.

見善不從　反隨惡心　求福不正　反樂邪婬
凡人爲惡　不能自覺　愚痴快意　今後鬱毒

인생에서 혐오를 받을 자는 호인이나 양민이다.
그들은 우리의 나아가는 발자취를 보다 촉진시키거나 굳세게 할 아무런
힘이 되지 못하기 때문이다.
그러나 악인은 보다 많이 창조하고 파괴한다.

117

사람이 비록 악을 행했더라도
그것을 자주 되풀이하지 말라.
그 가운데에는 기쁨이 없나니,
악이 자꾸 쌓이는 것은 괴로움이다.

人雖爲惡行　亦不數數作
於彼意不樂　知惡之爲苦

악임을 모르는 것이 아니다.
선임을 모르는 것이 아니다.
알면서 행하는 것이요,
알면서 행하지 않는 것이다.

118
사람이 만일 복을 짓거든
그것을 자주 되풀이하라.
그 가운데에는 기쁨이 있나니,
복이 자꾸 쌓이는 것은 즐거움이다.

人能作其福　亦當數數造
於彼意須樂　善受其福報

잠자리에 들어 오늘 하루의 생활을 돌이켜 생각해 본다.
그러나 새로 얻은 것은 아무것도 없다.
'일상의 관습'에서 탄력을 잃은 정신, 마비된 신경 – 하루 생명의 낭비다.

119
악의 열매가 익기 전에는
악한 사람도 복을 만난다.
악의 열매가 익은 때에는

악한 사람은 죄를 받는다.

妖孽見福　其惡未熟　至其惡熟　自受罪虐

지구의 인력 법칙이 변하지 않는 한,
한번 던져진 돌은 반드시 떨어지지 않으면 안 될 것이다.

120
선의 열매가 익기 전에는
착한 사람도 화를 만난다.
선의 열매가 익은 때에는
착한 사람은 복을 받는다.

禎祥見禍　其善未熟　至其善熟　必受其福

괴로움이나 즐거움이 어떤 단순하고 일정한 법칙 밑에서 행해진다면,
결국 그것은 어떤 의미 없는 동일한 사실이 되고 말 것이다.
시간에 의한 관습적 무감각이라는 사실로.

121
그것은 재앙이 없을 것이라 해서
조그마한 악이라고 가벼이 여기지 말라.

한 방울 물은 비록 작아도
듣고 들어서 큰 병을 채우나니,
이 세상의 그 큰 죄악도
작은 악이 쌓여서 이룬 것이다.

莫輕小惡　以爲無殃　水滴雖微
漸盈大器　凡罪充滿　從小積成

"조그마한 악이라 하여 그것을 행하지 말라."- 공자

122
그것은 복이 되지 않을 것이라 해서
조그마한 선이라고 가벼이 여기지 말라.
한 방울 물이 비록 작아도
듣고 들어서 큰 병을 채우나니,
이 세상의 그 큰 행복도
작은 선이 쌓여서 이룬 것이다.

莫輕小善　以爲無福　水滴雖微
漸盈大器　凡福充滿　從纖纖積

"조그마한 선이라 하여 그것을 그치지 말라." - 공자

123

재물은 많고 길동무가 적으면
위태한 길을 장사꾼이 피하듯이,
탐욕의 적은 목숨을 해치므로
어진 사람은 탐욕을 피하나니.

伴少而貨多　商人怵惕懼
嗜欲賊害命　故慧不貪欲

인생에 의미 없는 존재란 있을 수 없다.
어떠한 악, 어떠한 폐물도 인생에 의미 없는 존재는 아니다.
아이를 배는 태장(胎藏)으로서,
부활을 준비하는 무덤으로서.

124

내 손바닥에 헌 데가 없으면
손으로 독을 잡을 수 있다.
헌 데가 없으면 독물도 어쩔 수 없듯
악을 짓지 않으면 악도 오지 않는다.

有身無瘡疣　不爲毒所害
毒奈無瘡何　無惡所造作

연잎에는 물방울이 붙지 않는다.

125

아무리 말을 꾸며 남을 해쳐도
죄 없는 사람을 더럽히지 못하나니,
바람 앞에서 흩는 티끌과 같이
재앙은 도리어 자기를 더럽힌다.

加惡誣罔人　清白猶不汚
愚殃反自及　如塵逆風坌

도척의 개가 요(堯) 임금을 향해 짖었다.

126

어떤 생명은 사람의 태에 들고
악한 사람은 지옥에 들며,
착한 사람은 천상에 나고
마음이 맑은 사람 열반에 든다.

有識墮胞胎　惡者入地獄
行善上昇天　無爲得泥洹

만일 이 세계가 이대로 종극으로서,
어떤 다른 세계가 우리를 위하여 준비되어 있지 않다면,
우리의 정신이란 하나의 의미 없는 고뇌의 종자에 불과할 것이다.

127

허공도 아니요, 바다도 아니다.
깊은 산 바위틈에 들어 숨어도,
일찍 내가 지은 악업의 재앙은
이 세상 어디서도 피할 곳 없나니.

非空非海中　非隱山石間
莫能於此處　避免宿惡殃

갈(喝)!
그대 주위에 번쩍이는 무수한 독사들의 화설(火舌)을 보라.
그러나 거기에는 오직 '한 길'이 그대를 위해 준비되어 있음을 확신하라.

128

허공도 아니요, 바다도 아니다.
깊은 산 바위틈에 들어 숨어도,
죽음의 힘이 미치지 못하는 곳은
이 세상 어디에도 있을 수 없다.

非空非海中　非入山石間
無有他方所　脫之不受死

피하다니, 그것을 어떻게 피하렵니까?
어디로 그 고난을 피하렵니까?
도피는 해탈이 아닙니다. 해탈은 극복입니다.

10. 도장품(刀杖品)

어떤 비구가 있어, 오래 앓아 더러운 몸으로 현제정사에 누워 있었다. 사람들은 모두 그 냄새를 꺼려 아예 바라보지도 않았다. 부처님은 몸소 나아가 더운 물로 그 몸을 씻어 주셨다.

나라의 임금이나 백성들은 모두 와서 부처님께 여쭈었다.

"부처님은 세상에 높으신 분. 삼계에 뛰어나신 분. 어째서 몸소 이 병든 더러운 비구의 몸을 씻으시나이까?"

부처님은 말씀하셨다.

"부처가 이 세상에 나타난 까닭은 바로 이런 궁하고 외로운 사람을 위한 것뿐. 병들어 말라빠진 사문이나 도사, 또 모든 빈궁하고 고독한 노인을 도와 공양하면 그 복은 한이 없을 것이다. 그 공덕이 차츰 쌓이면 반드시 도를 얻을 것이다."

부처님은 이에 병든 비구의 전생을 말씀하시고, 다음의 게송 (137, 138, 139, 140)을 설하셨다.

병든 비구는 이 말씀을 듣고, 부처님 앞에서 깊이 뉘우친 뒤에 몸이 편안해지고 마음이 진정되어 곧 도를 얻었다. 국왕도 기쁘게 믿어 깨닫고 이내 오계를 받았다.

― 법구비유경, 도장품

129

모든 생명은 채찍을 두려워한다.
모든 생명은 죽음을 무서워한다.
자기 생명에 이것을 견주어
남을 죽이거나 죽이게 하지 말라.

一切皆懼死　莫不畏杖痛
恕己可爲譬　勿殺勿行杖

황혼의 산길을 거닐다가 한 마리 곤충의 시체를 발견했다.
바라보고 또 늘여다본나…….
지금 이 우주의 아무도 이 곤충의 죽음을 알지 못한다.

130

모든 생명은 채찍을 두려워한다.
모든 생명은 살기를 좋아한다.
자기 생명에 이것을 견주어
남을 죽이거나 죽이게 하지 말라.

遍於諸方求　念心中間察　頗有斯等類
不愛己愛彼　以己喩彼命　是故不害人

인간 누구나 가장 크게 미워하는 것은 죽음일 것이다.

그러나 그것을 위해서는 죽음도 사양하지 않는 큰 선이 있다.
그러므로 죽음은 우리를 생의 굴종에서 구하기 위하여 언제나 준비되어 있는 자연의 선물이다.

131

모든 생명은 즐거움을 즐기나니,
그것을 때리거나 죽임으로써
그 속에서 즐거움을 찾는 사람은
뒷세상의 즐거움을 얻지 못한다.

善樂於愛欲　以杖加群生
於中自求安　後世不得樂

죽어서 사는 수 있다.
살아서 죽는 수 있다.

132

모든 생명은 즐거움을 즐기나니,
그것을 때리거나 죽이지 않고
그 속에서 즐거움을 스스로 찾으면
뒷세상의 즐거움도 얻을 것이다.

人欲得歡樂　杖不加群生
於中自求樂　後世亦得樂

우리가 현인, 철인이라 부르는 그분들은
살지 않으면 안 될 때에만 살았다.
결코 살 수 있는 때까지는 살지 않았다.

133
남 듣기 싫은 성난 말 하지 말라.
님도 그렇게 네게 답할 것이다.
악이 가면 화는 돌아오나니
욕설이 가고 오고, 매질이 오고 가고…….

不當麤言　言當畏報　惡往禍來　刀杖歸軀

엄정한 비판이 없는 곳에 미신과 폭력이 날뛴다.
그러나 서로 믿고 서로 사랑함이 없는, 단순한 비판을 위한 비판일 때
는 인생은 스스로 추상(推象)의 귀굴(鬼窟)에 빠질 것이다.

134
종이나 경쇠를 고요히 치듯
착한 마음으로 부드러이 말하면,

그의 몸에는 시비가 없어
그는 이미 열반에 든 것이니라.

出言以善　如叩鐘磬　身無論議　度世則易

우리가 참으로 요구하는 너그러운 마음과 큰 가슴은,
그저 고요하고 편안한 바람 없는 바다의 청증(淸澄)만이 아니다.
사납고 성난 물결이 휘몰아치는 바다의 청증이다.

135
소 치는 사람이 채찍으로써
소를 몰아 목장으로 가는 것처럼,
늙음과 죽음 또한 그러해
사람의 목숨을 쉼 없이 몰고 간다.

譬人操杖　行牧食牛　老死猶然　亦養命去

늙음의 채찍이여
우리는 목숨을 몰아 어디로 가느냐?
죽음의 손길이여
우리의 목숨을 불러 어디로 가느냐?

136

어리석은 사람은 악을 짓고도
스스로 그것을 깨닫지 못해,
제가 지은 업에서 일어나는 불길에
제 몸을 태우며 괴로워한다.

愚憃作惡　不能自解　殃追自焚　罪成熾然

앞에서 끄는 자여,
뒤에서 미는 자여,
나더러 어디로 가자는 말이뇨?
거기는 사철 푸른 황금의 나무가 있더뇨?

137

착한 사람을 매질하거나
죄 없는 사람을 거짓으로 모함하면,
그 갚음은 용서 없어
다음의 열 가지를 몸으로 받는다.

歐杖良善　妄讒無罪　其殃十倍　災迅無赦

"개미 한 마리를 죽여도 이유가 없어서는 안 된다." – 유고
"군자는 푸주를 멀리하느니라." – 맹자

법구경 105

138
① 못 견딜 고통
② 신체의 불구
③ 무서운 질병
④ 마음의 미침

生受酷痛 形體毀折 自然惱病 失意恍惚

네 목숨이 귀한 것처럼
남의 목숨도 귀하나니,
네 목숨을 아끼듯
남의 목숨도 해치지 말라.
목숨 위에 목숨 없고
목숨 아래 목숨 없다.

139
⑤ 사람의 모함
⑥ 관청의 형벌
⑦ 재물의 실패
⑧ 친척의 이별

人所誣咎 或縣官厄 財産耗盡 親戚離別

어떠한 빈곤도
그것을 가진 자의
그것에 주는 빈곤밖에
그 힘을 가지지 못한다.

140
⑨ 가옥의 화재
⑩ 사후의 지옥

舍宅所有　災火焚燒　死入地獄　如是爲十

온 집에 큰불이 붙는데
철없는 아이들은,
그도 모르고
소꿉장난에 참척해 있구나.

141
노형(露形)·나계(螺髻)·이회(泥灰)·단식(斷食)도,
지와(地臥)·진분(塵糞)·준거(蹲踞)들의 고행도
마음의 의심을 떠나지 못한
중생을 깨끗이 씻지는 못한다.

雖裸剪髮　被服草衣　沐浴踞石　奈痴結何

사물에는 선악이 없다.
마음에 염정(染淨)이 있을 뿐이다.

142
스스로 법다이 몸을 가져서
마음이 고요하고 행실이 바라,
모든 생물을 해치지 않으면
그는 바라문·사문이요, 비구다.

自嚴以修法　減損受淨行
杖不加群生　是沙門道人

"나는 현자(賢者)의 현(賢)을 없애고 지자(智者)의 지(智)를 해치련다."
— 『고린도서』
이 세상에 현자의 너무 많은 것을 보고 슬퍼하면서, 혼자 돌아오는 어둔 밤의 구두 소리가 외롭습니다.

143
채찍을 받아 훈련이 잘 되어
채찍질에 성내지 않는 말처럼,

누가 이 세상의 비난을 받아도
스스로 참아 부끄러워할 줄 아는고!

世黨有人　能知慚愧　是名誘進　如策良馬

채찍 그림자만 보아도
곧 달리는
잘 길든 좋은 말처럼,
그렇게 빨리
모든 악에서 피하라.
남의 비난을 피하라

144

좋은 말에 채찍을 더하면
기운을 떨쳐 멀리 달리듯,
마음에는 믿음, 행실에는 계가 있고
정(定)이 있고, 지혜 있고, 정신 있으면,
지혜와 행실을 두루 갖추어
모든 괴로움을 떠날 수 있으리.

如策良馬　進道能遠　人有信戒
定意精進　受道慧成　便滅衆苦

자기를 보호하고 구원할 자는 부처도, 신도 아니다.

그것은 자기 마음이 순수해졌을 때, 단순하고 원만해졌을 때, 거기서 솟아나는 생명이요, 힘이다.

그러므로 진정한 종교란 선적 감정이요, 진정한 신앙이란 자기 본래 생명의 절대 자유에 대한 신앙일 것이다.

145

활 만드는 사람은 줄을 다루고
배 부리는 사람은 배를 다루며,
목수는 나무를 다루고
어진 사람은 자기를 다룬다.

弓工調絃　水人調船　材匠調木　智者調身

금욕이란, 흔히들 말하는 그대로의 단순한 소극적 의미가 아닐 것이다.
그것은 소극적이자 적극적이다. 금욕을 위한 금욕이 아니기 때문에.
그러기에 그 부정의 가면 밑에는 가장 억세고 굳센 긍정이 생동하고 있다.

11. 노모품(老耄品)

부처님이 기원정사에 계실 때에 많은 사람이 모여 법을 들었다. 그 때에 멀리서 바라문 일곱 사람이 왔다. 늙어서 머리는 희고 지팡이에 몸을 의지해 부처님께 여쭈었다.

"우리는 먼데 있는 사람으로서 거룩한 이름을 들은 지 오래입니다만, 여러 사정에 걸려 진작 찾아뵙지 못하다가 이제 존안(尊顔)을 뵙게 되었습니다. 원하옵건대 감로의 법을 드리워 모든 고통을 멸하게 하소서."

부처님은 제자를 시켜 한방에서 같이 묵게 했다. 그런데 이들은 방에 있으면서도 세상일을 생각해서, 떠들다 웃다가 함부로 덤벼, 그 목숨이 언제 끝날지도 모르는 듯하였다.

그 때 부처님이 일어나 그 방으로 가서 말씀하셨다.

"일체 중생은 모두 다섯 가지 일을 믿는다. 젊음, 단정(端正), 세력, 재주, 귀족. 그런데 그대들은 지금 무엇을 믿고 이렇게 떠드는가?"

이내 게송(146)을 설하시니, 그들은 그 뜻을 깨닫고 부처님 앞에서 도를 얻었다.

- 출요경, 무상품

146

무엇을 웃고 무엇을 기뻐하랴!
세상은 쉼이 없이 타고 있나니,
너희는 어둠 속에 덮여 있구나.
어찌하여 등불을 찾지 않느냐!

何喜何笑　命常熾然　深蔽幽冥　不如求錠

보일 듯 잡힐 듯 허덕거리며
골목길 돌아돌아 따라온 그림자,
어느 모를 어둠 속에 사라져 버렸나니,
내 이 찬 거리에 엉거주춤 섰을밖에…….

147

보라. 이 부숴지기 쉬운 병투성이,
이 몸을 의지해 편타 하는가?
욕망도 많고 병들기 쉬워,
거기에는 변치 않는 자체(自體)가 없다.

見身形範　倚以爲安　多想致病　豈知非眞

나의 조그마한 알맹이의 존재여, 활동이여,
우리 다 같이 머리 숙이자.

이 온 우주에 감사를 드리자.

148

몸이 늙으면 얼굴빛도 쇠한다.
그것은 병의 집, 스스로 멸한다.
형체는 무너지고 살은 썩어
삶은 반드시 죽음으로 마치나니.

老則色衰　病無光澤　皮緩肌縮　死命近促

미인을 해부해서
구태여 해골을 보일 필요가
어디 있습니까!

149

목숨이 다해 정신이 떠나면
가을 들에 버려진 표주박처럼,
살은 썩고 앙상한 백골만 뒹굴 것을…….
무엇을 사랑하고 즐길 것인가!

身死神徙　如御棄車　肉消骨散　身何可怙

만일 그대 내 품에 안길 때면
당신은 하나 그림자, 찬 해골…….
아아, 나는 당신의 무엇을 사랑해야 하는가?
……핏줄이 터질 듯
사랑해야 하는가……?

150

뼈를 엮어서 성(城)을 만들고
살을 바르고 피를 거기 돌려,
그 가운데는 늙음과 죽음,
그리고 교만과 성냄을 간직하고 있다.

身爲如城　骨幹肉塗　生至老死　但藏恚慢

나는 당신의 관능을 안다.
나는 당신의 생리를 안다.
당신의 질투의 표정을 알고
당신의 허영과 위선을 안다.

151

호화롭던 임금의 수레도 부서지듯
우리 몸도 늙으면 형체 썩는다.

오직 착한 덕만이 괴롬을 면하나니
이것은 어진 이들 하신 말이다.

老則形變 喩如故車 法能除苦 宜以力學

어떠한 활동이나 - 진에 있어서나, 선에 있어서나, 미에 있어서나 -
활동 그 자신이 그 목적의 전체가 되는 곳에
비로소 그 활동의 자유가 있고,
순수한 열락이 솟아나고,
인생의 완전하고 영원한 행복이 있다.

152
사람이 만일 바른 법을 모르면
그 늙음은 소의 늙음과 같다.
한갓 자라나 살만 더할 뿐,
하나의 지혜도 불어난 것 없나니.

人之無聞 老若特牛 但長肌肥 無有智慧

행복은 범인(凡人)에게 있다.
그러나 늙은 소 같은 우울한 행복이다.

153

내 이 집(몸) 지은 이 보지도 못하면서
얼마나 오고 가고 나고 죽으며,
얼마나 많은 고통 두루 겪으며
몇 번이나 이 세상에 태어났던가!

生死有無量　往來無端緒
求於屋舍者　數數受胞胎

……이리하여 사람들은
기다리던 손님 모습 영원히 볼 길 없이,
무한한 어둔 밤하늘의 궤도를 도는 목성처럼
걸어가고 있는 것이다.

154

이제 이 집(몸) 지은 이 보였나니,
너는 다시 이 집을 짓지 말라.
너의 모든 서까래는 부서졌고
기둥도 들보도 부러져 쓰러졌다.
이제 내 마음은 짓는 일이 없거니
사랑도 욕망도 다해 마쳤다.

以觀此屋　更不造舍　梁棧已壞

臺閣摧折　心已離行　中間已滅

그렇듯 즐거움도 이미 다함이여,
이렇듯 슬픈 정만 끝이 없구나.
아아, 나는 늙었도다.
어이하리, 어이하리.
　- 한무제

155
깨끗한 행실도 닦지 못하고
젊어서 재물을 쌓지 못하면,
고기 없는 빈 못을 속절없이 지키는
늙은 따오기처럼 쓸쓸히 죽는다.

不修梵行　又不富財　老如自鷺　守伺空池

세월은 흘러흘러
나를 기다리지 않나니
아아, 나는 늙었구나.
이 누구 허물인가.
　　- 주희

156

깨끗한 행실도 닦지 못하고
젊어서 재물을 쌓지 못하면,
못 쓰는 화살처럼 쓰러져 누워
옛일을 생각한들 어이 미치랴!

旣不守戒　又不積財　老羸氣竭　思故何逮

과거에 머리를 돌리고 미래에 초조해 하는 자 - 현재는 거짓이던가?
남의 일에 간섭하고 신의 일까지 생각하는 자 - 자기가 빈약하던가?
행복은 현재의 충실에서만 꽃피고, 지선(至善)은 자기 완성에서만
빛난다.

12. 기신품(己身品)

사위국에 바라문 오백 명이 있어, 언제나 틈만 얻으면 부처님을 비방하려고 했고, 부처님은 또 이것을 잘 아시고 그들을 불쌍히 여기시어 제도하려 하셨다. 바라문들은 의논하기를 "백정을 시켜 부처님을 청하게 하고, 만일 부처님이 그 청을 들어 백정의 집에 오거든, 우리 그것을 따지사."고 했다.

백정은 부처님을 청했다. 부처님은 제자들을 거느리고 백정의 집으로 가셨다. 바라문들은 이것을 보고 기뻐하면서 "오늘에야 때를 만났구나. 부처님이 만일 보시의 공덕을 찬탄하거든 우리는 백정의 전후의 살생을 들어 이것을 따지고, 만일 그 살생의 유래의 죄를 말하거든 우리는 오늘의 그의 복을 들어 따지자. 이 둘 중 한 가지는 틀림없이 이룰 것이다."라고 했다.

부처님은 여럿의 마음을 관찰하시고, 범성(梵聲)을 내어 두 게송(164, 165)을 설하셨다. 바라문들은 스스로 뜻이 열려 두 손을 깍지 끼고, "우리는 어리석어 아직 거룩한 가르침을 무릅쓰지 못했나이다. 원컨대 불쌍히 여기소서."라고 했다.

― 법구비유경, 기신품

157

사람이 만일 자기를 사랑하거든
모름지기 삼가 자기를 보호하라.
지혜 있는 사람은 하루 세 때 가운데
적어도 한 번만은 자기를 살피나니.

自愛身者　愼護所守　希望欲解　學正不寐

옛사람은 하루에 세 번씩 내 몸을 돌아본다고 했다.
그러나 나는 오늘 어쩐지 순간순간을 남에게 말하고 싶다.

158

처음에는 먼저 자기 할 일 살피어
옳고 그름을 알아 거기 머물고,
그 다음에 마땅히 남을 가르쳐라.
거기는 다시 괴로울 일 없나니.

學當先求解　觀察別是非
受諦應誨彼　慧然不復惑

자기를 위해서 한 일이 곧 남을 위한 이로운 행동이 된다는 것은,
우리는 남을 지배할 수 있는 능력을 얻기 전에 먼저 자기를 다스리기를
배우지 않으면 안 된다는 수양의 원리의 전개일 것이다.

그러므로 진실한 도덕적 수양은 언제나 자기 내부에서 나온다.

159

남을 가르치는 바른 그대로
마땅히 자기 몸을 바르게 닦아라.
다루기 어려운 자기를 닦지 않고
어떻게 남을 가르쳐 닦게 하랴!

當自剋修 隨其敎訓 己不被訓 焉能訓彼

우주를 나의 의지하는 곳으로 삼을 때,
나의 의지하는 곳은 하나뿐이다.
나의 의지하는 곳을 나로 할 때,
나는 아무런 의지하는 곳이 없는 독일인(獨一人)이 될 것이다.

160

자기 마음을 스승으로 삼아라.
남을 따라서 스승으로 하지 말라.
자기를 잘 닦아 스승으로 삼으면,
능히 얻기 어려운 스승을 얻나니.

自己心爲師 不隨他爲師

自己爲師者　獲眞智人法

억만 년 과거에도 없었다. 억만 년 미래에도 없을 것이다.
천상 천하에 오직 하나인 존재, 둘 아닌 지금의 '나', 너 아닌 '나'…….
귀하기도 하다. 거룩하기도 하다.

161
원래 자기가 지은 업이라,
뒤에 가서 자기가 스스로 받는다.
자기가 지은 죄는 자기를 부수나니,
금강석이 보석을 부수는 것처럼.

本我所造　後我自受　爲惡自更　如剛鑽珠

인간은 본래 신의 지혜를 가졌다.
그러나 이것은 인간의 자랑이 아니다.
인간은 신의 지혜를 가지면서 동시에 인간의 고뇌를 가졌다.
이것이 인간의 위대한 승리다.

162
사람이 만일 계를 안 가져
욕심을 따라 달릴 대로 달리면,

넌출이 무성한 사라수(沙羅樹)처럼 말라,
적의 원대로 자기를 죽인다.

人不持戒　滋蔓如藤　逞情極欲　惡行日增

성인의 계를 지켜라.
성인의 계를 범하지 말라.
성인의 계를 범할 때
거기는 악마의 만족하는 미소가 있다.

163
악한 일은 자기를 괴롭게 한다.
그러나 그것은 행하기 쉽다.
착한 일은 자기를 편안하게 한다.
그러나 그것은 행하기 어렵다.

惡行危身　愚以爲易　善最安身　愚以爲難

자기의 빛나는 두각을 나타내려다가 도리어 누추한 궁둥이를 보이는 수가 있다.
그저 고요히 좋은 씨만 뿌려 놓으십시오.
다음날 반드시 어진 이 있어, 깊은 그늘에서 그의 높은 향기를 맡아 알 것입니다.

164

거룩하고 법다운 성인의 가르침은
바른 도로서 중생을 인도한다.
어리석은 사람은 이것을 미워해
그것을 도리어 비방하나니.
열매가 익으면 저절로 말라 죽는,
'겁타라' 나무처럼 자기를 망친다.

如眞人教　以道活身　愚者疾之
見而爲惡　行惡得惡　如種苦種

날 때부터의 장님은 자기에게 시각이 없는지를 모른다.
그러므로 세계에 대하여 아무리 훌륭하게 상상하고, 묘사하고, 생각해 보아도, 그것은 결국 자기의 광(光)이요, 색(色)이요, 형상이요, 우리의 그것은 아니다.
모든 기적을 의심하는 것이 무엇이 이상하랴!
사람은 결국, 자기의 힘에 알맞은 자기의 세계밖에 가지지 못한다.

165

스스로 악을 행해 그 죄를 받고
스스로 선을 행해 그 복을 받는다.
죄도, 복도 내게 매였거니,
누가 그것을 대신해 받으리.

惡自受罪　善自受福　亦各須熟　彼不自代

선이 선인 까닭은 승리의 결과가 아니다. 그러므로 패배 속에도 선은 있을 수 있다.
악이 악인 까닭은 패배의 결과가 아니다. 그러므로 승리 속에도 악은 있을 수 있다.
운명을 사랑하고 미워함이 우리 행복을 결정하는 데 무슨 힘이 있으랴!

166
어떤 것이 자기가 해야 할 일인가
미리 생각하고 꾀하고 헤아려,
마음을 다하고 힘써 닦아서
그 일할 때를 놓치지 말라.

凡用必豫慮　勿以損所務
如是意日修　事務不失時

기쁠 때는 기뻐만 하여
기쁜 일 외에는 아무것도 생각지 말라.
슬플 때는 슬퍼만 하여
슬픈 일 외에는 아무것도 생각지 말라.

13. 세속품(世俗品)

옛날 '다미사'라는 임금이 있었는데, 이도(異道) 96종을 받들어 섬겼다. 하루는 큰 선심을 일으켜 크게 보시를 행하려 했다. 바라문의 법은 칠보(七寶)를 산처럼 쌓아 두고, 얻으러 오는 사람에게 한 줌씩 집어가게 하는 것이다.

부처님은 그를 교화시키기 위해서 바라문의 행색으로 그 나라에 가셨다. 왕이 나와 맞아 구하는 바를 물었다. 부처님은 "내가 멀리 온 것은 보물을 얻어다 집을 짓고자 함이라."고 하셨다. 왕은 "좋다. 한 줌 쥐고 가라."고 했다. 부처님은 한 줌을 쥐고 몇 걸음 나오시다가 다시 돌아가 본디 있던 곳에 놓았다. 왕은 그 까닭을 물었다. 부처님은 "이것으로는 겨우 집밖에 못 짓겠다. 장가들 비용이 모자란다."고 했다. 왕은 다시 "그러면 세 움큼을 가져가라."고 했다. 부처님은 또 먼저와 같이 했다. 왕은 또 물었다. 부처님은 다시 대답했다.

"이것으로 장가들 비용은 되지만 밭도, 종도, 마소도 없는 것을 어찌하겠는가?"

왕은 이번에는 일곱 움큼을 가져가라고 했다. 부처님은 또 먼저와 같이 했다. 왕은 또 물었다. 부처님은 다시 "길흉의 큰일이 있으면 어찌하겠는가?"라고 했다. 왕은 그 보물을 모조리 내주었다. 부처님은 받았다가 도로 던져 주었다.

왕은 이상히 여겨 그 까닭을 물었다. 부처님은 말씀하셨다.

"원래 내가 와서 구한 것은 모두 생활에 쓰기 위한 것뿐, 곰곰이 생각하니 세상 모든 것은 덧없어 오래 가지기 어렵다. 보물이 산처럼 쌓여 있어도 내게 이익될 것은 없다. 탐욕이란 고통만 가져오니, 차라리 무위(無爲)의 도를 구함만 못하구나. 그래서 내 보물을 받지 않는 것이다."

왕은 그 뜻을 깨달아, 다시 가르침을 청했다. 이에 부처님은 광명을 나타내시며 크게 연설하셨다.

― 법구비유경, 세속품

167
천하고 더러운 법 배우지 말라.
방일로 시간을 보내지 말라.
그릇된 소견을 가지지 말라.
세상의 악을 돕지 말라.

不親卑漏法　不與放逸會
不種邪見根　不於世長惡

나는 인생을 진실히 묘사하자,
진실히 말하자.

그리하여 인생의 가장 착한 적이 되자.

168

게으름 피우지 말고 힘차게 일어나라.
좋은 법을 따라 즐거이 나아가라.
좋은 법을 따르면 편안히 잔다.
이승에서도 또 저승에서도.

隨時不興慢　快習於善法
善法善安寐　今世亦後世

밤의 안정된 잠을 위해서 하루의 좋은 활동이 의의를 가진다면, 어디 그처럼 무의미한 인생이 있겠는가?
한낮의 좋은 활동은 으레 안정된 밤의 잠을 가져올 것이다.

169

좋은 법을 즐겨 즐거이 행하라.
악한 법은 삼가 행하지 말라.
좋은 법을 행하면 언제나 즐겁다.
이승에서도 또 저승에서도.

樂法樂學行　愼莫行惡法

能善行法者　今世後世樂

도를 얻은 사람은 꿈이 없다.

170
물거품 같다고 세상을 보라.
아지랑이 같다고 세상을 보라.
이렇게 세상을 관찰하는 사람은
죽음의 왕을 보지 않는다.

當觀水上泡　亦觀幻野馬
如是不觀世　亦不見死王

눈을 감고 앉았으면, 눈앞에 벌어지는 모든 인간 생활이 아무런 의의도 없는 것으로 보이는 때가 있다.
그리하여 어딘가, 사람은 누구나 반드시 그렇게 생활하지 않으면 안 될, 인생에서 가장 참되고 절대적인 어떤 세계의 생활이 처녀지 그대로 숨어 있는 듯 느껴지는 때가 있다.

171
임금의 화려한 수레와 같다고
마땅히 이 몸을 그렇게 보라.

어리석은 사람은 이 속에 빠지고
지혜 있는 사람은 집착하지 않는다.

如是當觀身　如王雜色車
愚者所染著　智者遠離之

거머리처럼 끈덕지게 인간 생활의 밑바닥에 달라붙어 있는 사행심,
이 사행심을 완전히 없애지 못하는 한,
하늘에게도 말고, 사람에게도 말고, 인간은 영원히 스스로 모욕하고 모욕당하고 있는 것이다.

172
사람이 먼저는 잘못이 있더라도
뒤에는 삼가 다시 짓지 않으면
그는 능히 이 세상을 비추리,
달이 구름에서 나온 것처럼.

人前爲過　後止不犯　是照時間　如月雲消

단순은 위대한 힘을 가졌다.
물, 불, 그리고 꽃 향기를 보라.

173

사람이 먼저는 악업을 짓더라도
뒤에 와서 선으로 이것을 멸하면
그는 능히 이 세상을 비추리,
달이 구름에서 나온 것처럼.

人前爲惡　以善滅之　是照世間　如月雲消

진지한 피, 정직한 눈물은
누구를 고려하거나 두려워하지 않는다.

174

어리석음 속에서 이 세상은 어둡다.
이 속에서 바로 보는 사람은 드물다.
그물을 벗어나 하늘을 나는
새가 드물듯, 새가 드물듯.

痴覆天下　貪令不見　邪疑却道　若愚行是

신음·저주·전율·광망(狂妄)…….
허공을 자유자재로 날 수 있는 나의 날개를 분질러 이 땅 위에 떨어뜨린 자 누구냐?
"나야, 나." — 욕념(慾念)의 싸늘한 대답.

175

그물을 벗어난 기러기 떼가
하늘을 높이 나는 것처럼,
어진 이는 악마와 그 떼를 쳐부수고
세상일 멀리 떠나 노닐고 있다.

如鴈將群　避羅高翔　明人導世　度脫邪衆

우리는 결코 미리부터의 기름진 땅을 찾아온 것은 아니다.
이 불모의 광야를 개간하고,
그 위에 우리 피의 부드러운 잔디를 나게 하기 위하여 온 것이 아닐까?

176

한 가지 법을 잘못 범하고
알면서 일부러 거짓말로 꾸미며,
뒷세상 두려움을 믿지 않는 사람은
지어서 안 될 악이 세상에 없다.

一法脫過　謂妄語人　不免後世　靡惡不更

사람은 대개 어떤 틀에 끼워지기를 좋아하는, 또한 현실에 머물러 있기 쉬운 동물이다.
그러므로 우리의 생활에서 "현실의 이것말고, 이 현실 속에 우리의 전적 욕망을 만족시킬 수 있는 완전한 자유의 세계가 있다."고, 가다가 한 번씩 맹성(猛省)할 필요가 있다.

그리고 그런 세계를 얻어 가지는 방도는 오직 현실의 이 인생, 이 우주에 대하여 우리의 시각을 돌림으로 말미암아, 한 개의 새로운 관찰점을 얻는다는 데에만 있을 것이다.

177

어리석은 사람은 하늘에 못 가나니,
그는 보시를 즐겨하지 않는다.
어진 사람은 보시를 즐겨하여
하늘에 나 즐거움을 받는다.

愚不修天行　亦不譽布施
信施助善者　從是到彼安

부처는 인간을 필요로 하지 않는다.
그러므로 인간을 사랑하는 부처의 사랑은 지극한 사랑이다.
부처는 인간의 봉사를 요구하지 않는다.
그러므로 부처에 봉사하는 인간의 선은 지극한 선이다.

178

이 천하를 통치하는 것보다도,

천상의 복을 받는 것보다도,
모든 세계의 임금 자리보다도,
성(聖)의 길로 드는 것을 낫다 하나니.

夫求爵位財　尊貴升天福
辯慧世間悍　斯聞爲第一

신앙도 계율도 종교의 구극은 아니다.
무엇을 믿지 않고는 못 살고, 어떠한 계율을 필요로 하는 동안에는 진정한 안심(安心)·입명(立命)이 있을 수 없는 것이다.
먼저 일체를 버려라. 그 뒤에 오는 자율적 생의 획득 – 거기에는 종교 그것도 없는 것이다.

14. 불타품(佛陀品)

 사위국의 동남에 큰 강이 있는데, 그 강가에 있는 오백여의 마을 사람들은 아직 도덕을 들은 일이 없이, 남 속이는 일을 업으로 삼고 있었다.

 부처님은 그들을 교화하시기 위해서, 그 강가의 나무 밑에 앉아 계셨다. 마을 사람들이 모여 왔을 때 부처님은 법을 설하셨지만, 아무도 믿는 이가 없었다. 그 때에 강 남쪽에서 강을 건너오는 어떤 사람이 있었는데, 물 위를 걸어오는데도 그 발목밖에 빠지지 않았다. 여러 사람은 경탄하면서 그 재주를 물었다.

 그는 말했다.

 "나는 강남에 사는 무지한 사람으로서, 부처님이 여기 계시다는 말을 듣고 오려고 했으나 배가 없었다. 그래서 저쪽 언덕 사람에게 물었더니, 물이 발목밖에 안 찬다고 했다. 나는 그 말을 믿고 했을 뿐, 다른 재주는 없다."

 부처님은 찬탄하시었다.

 "참으로 훌륭하구나. 대개 믿음이 진실하기만 하다면 생사의 바다도 건널 수 있는데, 몇 리도 못 되는 그 따위 강, 무엇이 이상하겠는가."

하시고 이내 게(偈)를 설하셨다.

마을 사람들은 모두 부처님의 설법을 듣고 마음이 열리고 믿음이 굳어져, 법으로 들어오는 자가 날로 불었다.

— 법구비유경, 독신(篤信)품

179
이미 세상의 모든 악을 이겨
어떤 누구에게도 지지 않고,
지혜와 식견이 가이없는 불타를
누가 그릇된 길로 이끌겠는가?

己勝不受惡　一切勝世間
叡智廓無疆　開朦令入道

행복은 폭군, 간사한 폭군이다.
그의 위세의 완력을 휘둘러 보다가도, 한 번 자아의 혼의 왕국에 대한 충실한 절사(節士)를 만날 때는
그만 아유구용(阿諛苟容)한다.

180
유혹하는 욕심의 그물을 끊고
사랑을 위해 끌리는 일이 없는,

지혜와 식견이 가이없는 불타를
누가 그릇된 길로 이끌겠는가?

決網無罣礙　愛盡無所積
佛意深無極　未踐迹令踐

돈으로 얻은 자유는 돈이 가면 따라서 가고, 권세와 지위와 미모로 얻은 자유는 권세와 지위와 미모가 가면 그 또한 따라서 가나니
그것은 허망한 자유이기 때문이다.
그러면 진정한 자유는? - 벼랑에 달려 손을 놓아 버리는 것이 대장부다. (撤手懸崖是丈夫)

181
굳세고 씩씩하게 마음을 세워
집을 떠나 부지런히 도를 닦아,
바른 지혜로 고요히 생각하는
이 부처님에게는 하늘도 예배한다.

勇健立一心　出家日夜滅
根斷無欲意　學正念淸明

우리가 가만히 눈을 감고, 생각은 세계 최고의 히말라야산 꼭대기를 달릴 때 고금의 천재·거인의 심경을 바라볼 수 있다.
평원에서 오르는 자욱한 안개와 독한 연기를 감싸는 우울과 시름.

장밋빛 새벽 빛을 남보다 먼저 바라보는, 속진(俗塵)을 떠난 의젓한 모습의 시원스러움.

182
사람의 몸을 얻기 어렵다.
세상에 나서 오래 살기 어렵다.
부처님이 세상에 나시기 어렵고
그 부처님 법을 듣기 어렵다.

得生人道難　生壽亦難得
世間有佛難　佛法難得聞

내 어쩌다가 지옥이나 축생으로 떨어지지 않고
사람 몸으로 태어나 이렇게 살고 있는 아슬아슬한 다행,
내 이렇게 사람으로 태어나 부처님 법을 듣는,
진정 어렵고 귀한 다행한 일이다.

183
모든 악을 짓지 않고
모든 선을 받들어 행해,
스스로 그 뜻을 깨끗이 하는 것,
이것이 모든 부처의 가르침이다.

諸惡莫作　諸善奉行　自淨其意　是諸佛敎

악이라 본래 지을 것 없고
선이라 본래 받들 것 없네.
선도 악도 생각지 말라.
오직 그 뜻만 깨끗하여라.

184
욕을 참는 것은 훌륭한 행(行)이요
열반이 제일이라 부처님 말씀이다.
집을 떠나 온전히 계를 가지고
성을 내어 남을 괴롭게 하지 말라.

忍爲最自守　泥洹佛稱上
捨家不犯戒　息心無所害

우리가 어떤 말 못 할, 엄청난 역경의 고통에 처할 때
곧 일종의 비장감을 가지게 된다.
아아, 인간은 얼마나 타협적인 동물인가!

185
남을 비방하거나 괴롭히지 않고

삼가 계를 가지어 몸을 다루며,
음식의 양을 알아 가난을 물리치고
항상 고요한 곳에서 행을 닦으며,
마음을 오로지해 생각하는 것…….
이것이 모든 부처님의 가르침이다.

不嬈亦不惱　如戒一切持　少食捨身貪
有行幽隱處　意諦以有黠　是能奉佛敎

함부로 남의 성격, 의견에 반발하고 거슬림으로써 아유구용이 아니라고 자고(自高)하는 자.
동화·맹종·피동으로써 포용·자비라고 자위하는 자.

186

하늘이 칠보를 비처럼 내려도
욕심은 오히려 배부를 줄 모르나니,
즐거움은 잠깐이요 괴로움이 많다고
어진 이는 이것을 깨달아 안다.

天雨七寶　欲猶無厭　樂少苦多　覺者爲賢

모두 돈, 돈 하는데 그래, 돈을 모아서 무엇 하는고? 고루(高樓)·거각(巨閣)을 지어 칠보로 치장한다.

또 무엇 하는고? 금의를 입고 옥식을 먹는다.

또 무엇 하는고? 수많은 미희(美姬)를 골라 처첩으로 거느린다.

또 무엇 하는고? 은행, 회사의 중역이 된다.

또 무엇 하는고? 인삼·녹용을 달이고 호르몬 주사를 맞는다.

또 무엇 하는고? 주사기를 꽂은 채 숨을 지운다.

또 무엇 하는고? 적연무언(寂然無言).

밖으로 사회를 무시하고 안으로 자성(自性)을 짓밟은 사람. 모처럼 태어난 인생의 70년, 저주받아라. 지옥에 들기 화살 같으리!

187

하늘의 즐거움을 받을 수 있어도
그것을 버려 탐하지 않고,
즐거이 사랑을 떠나 버리는,
그야말로 부처님의 제자이니라.

雖有天欲　慧捨無貪　樂離恩愛　爲佛弟子

효용성이란 언제나 일시적·국부적인 것이다.

그것은 그 자신이 궁극의 목적으로서, 일정한 욕구·충동에서 오는 것이기 때문이다.

그러므로 한 욕구가 그 욕구를 충족할 때, 그것은 곧 버림을 받는다. 그럼에도 불구하고 그 존재 가치를 고집·유지하려 할 때에는, 그것은 우리 생명의 견디기 어려운 무거운 짐이 된다.

188

많은 사람은 두려움에 몰려,
산이나 내, 우거진 숲에
사당을 세우고 등상을 모셔
제사를 드려 복을 구한다.

或多自歸　山川樹神　廟立圖像　祭祠求福

"공포에 의지하는 편이 신뢰에 의지하는 것보다 안전하다."
- 쇼펜하우어
그러나 보다 안전한 것은 남의 사랑을 받는 것이다.
그러나 가장 안전한 것은 무아애(無我愛)로 남을 사랑하는 것이다.

189

그러나 이러한 기도나 제사는
미쁜 것도 아니요, 귀한 것도 아니다.
그러한 것은 우리로 하여금
모든 괴로움에서 건져 주지 못한다.

自歸如是　非吉非上　彼不能來　度我衆苦

우리는 왜 종교를 필요로 하고 부처나 신을 믿어야 하는가?
아무것도 가진 것이 없기 때문에 - 그러나 그보다 너무 많이 가졌기 때문에.
"너의 물(物)로부터 너 자신으로 돌아가라." – 소크라테스

190

거룩한 부처님과, 그가 설한 법과
법을 따르는 중에게 귀의하면,
네 가지 진리(苦·集·滅·道)를 자세히 관찰해서
반드시 바른 지혜를 얻으리라.

如有自歸　佛法聖衆　道德四諦　必見正慧

참 신앙, 참 귀의의 본뜻은, 흔히 말하는 자기의 복을 빌고 보호를 부탁하는 데 있는 것이 아니다.
그 신앙하고 귀의하는 자의 정신과 그것을 체(體)한 자기 마음의 태도의 일치에 있다.
저와 나의 심동(心動)이 없는 경지.

191

생사의 '고(苦)'와, 고의 원인인 '집(集)'과,
그 모든 고를 이미 떠난 '멸(滅)'과,
그 멸로 나아가는 여덟 가지 도(道),*
이것은 우리를 괴롬에서 건져 준다.

* 바른 소견·바른 말·바른 정(定)·바른 행위·바른 생각(念)·바른 연구(思)·바른 생활·바른 정진(精進).

生死極苦　從諦得度　度世八道　斯除衆苦

"아난아, 내 목은 너무 말랐다. 얼른 물을 가져다 다오." - 「열반경」
멸망이 없는 무위의 법락(法樂)을 맛보시는 부처님에게보다, 우리는 차라리 그의 인간적인 고뇌에 지심(至心)의 공경을 드리고 싶은 것이다.
그것은 번뇌에의 항복이나 미망(迷妄) 생활에 대한 찬미가 아니다. 거기서 우리는 다 같은 인간적 운명의 정다운 친미(親味)를 느끼고, 혼의 고양(高揚)의 곤란과, 그러므로 그것은 눈물과 고뇌로만 성취할 수 있다는 것을 알 수 있기 때문이다.

192
이 삼존(三尊)에의 귀의야말로
가장 길(吉)하고 제일가나니,
오직 이 귀의가 있어
모든 괴로움에서 우리를 구해 준다.

自歸三尊　最吉最上　唯獨有是　度一切苦

어린애는 젖을 받고 그 기갈의 요해(饒解)를 만족받는 데서만 그 어머니를 보지 않는다.
젖 주는 사실을 가능하게 하고, 또 그 속에 간직되어 있는 보다 크고

넉넉한 영양인 '사랑의 어머니'를 아는 것이다.
이의 반대는 어머니에게도 진리이니, 우리와 부처의 관계 또한 이런 것이 아닌가? 어머니와 아들······.

193
이 거룩한 사람은 만나기 어렵나니,
그는 아무 데서나 나지 않는다.
그가 나는 곳은 어디서나
온 겨레가 은혜를 입는다.

明人難値　亦不比有　其所生處　族親蒙慶

부처나 신의 사랑은 참인(慘忍)을 함께하는 것이다.
못 견딜 참인으로 시련을 주어, 거기서 인간의 아름다운 생명의 증명을 얻게 하여 비로소 안아 주려는 것이다.
필사의 기도만에 축복받는 생명이 완성되기 때문이다.

194
부처님의 나심은 즐거움이다.
법을 연설하심은 즐거움이다.
중들의 화합은 즐거움이다.
중들이 화합하면 항상 편하다.

諸佛興快　設經道快　衆聚和快　和則常安

"당신이야말로 부처, 부처 곧 당신."이라는 부처님의 말씀은 얼마나 사랑과 자비에 넘치는 말씀인가?
그러나 그 말씀처럼 냉혹하고 잔인한 말씀은 없다.
그 말씀은 얼마나 많은 범부 중생을 한없는 표박(漂泊)으로 추방시킴을 의미하는가!

195
진리를 보아 마음이 깨끗하고
생사의 깊은 바다 이미 건너서,
부처님 나서서 세상을 비추심은,
중생의 모든 고통 건지시기 위함이다.

見諦淨無穢　已度五道淵
佛出照世間　爲除衆憂苦

시물(施物)을 삼가자.
대개는 물(物)을 받는 자가 그 은혜에 구속되지만,
어떤 때는 물을 주는 자가 도리어 많은 구속을 받는다.

196
사람이 만일 바르고 뚜렷하여

도를 뜻해서 욕심 없으면
이 사람 복덕은 한량없나니……
아아, 부처님에게 귀의한 사람이여!

士如中正　志道不慳　利哉斯人　自歸佛者

희생.
그의 근본 동기는 결국 자기를 위한 일종의 뇌물에 불과할는지 모른다.
그러나 그것이 자기 자신을 스스로 바치는 데까지 발전하고 정신화하는 곳에, 그의 지선(至善)·지미(至美)의 가치와 권위가 있다.

15. 안락품(安樂品)

　병사 왕과 불가사 왕은 친한 사이였다. 불가사는 칠보 꽃을 만들어 병사 왕에게 보냈다. 병사는 이것을 부처님에게 올리면서 말했다.

　"불가사 왕은 나의 친구로서 내게 이 꽃을 보냈습니다. 나는 무엇으로써 그에게 답례해야 하겠습니까? 그는 아직 불도를 모릅니다. 원컨대 부처님께서는 그로 하여금 그 마음이 열려, 부처님을 뵈옵고, 부처님의 법을 듣고, 부처님의 제자들을 공경하게 하소서."

　부처님은 말씀하셨다.

　"「십이인연경」을 베껴서 그에게 보내라. 그는 반드시 신해(信解)할 것이다."

　왕은 곧 경전을 베끼고 따로 글을 덧붙였다.

　"당신이 보내신 보배꽃에 답해서 나는 법의 꽃을 보냅니다. 그 뜻을 자세히 생각하고 부지런히 읽어 도의 뜻을 같이 맛보았으면 합니다."

　불가사 왕은 그 경전을 읽고 또 읽어, 깊이 믿는 바 있어 탄식하면서 "도의 힘은 참으로 묘해서, 그 깊은 뜻은 마음을 편안하게 한다. 세상의 모든 영화와 향락은 번뇌의 근본이요, 오랜 과거로부터 익혀 온 미혹이다. 내 이제 이것을 깨달았다."고 했다.

— 법구비유경, 유념품

197
원망 속에 있어서 노염 없으매
내 생은 이미 편안하여라.
모든 사람 서로 원망하는 속에서
나 혼자만이라도 원망 없이 살아가자.

我生已安　不慍於怨　衆人有怨　我行無怨

사람에 호인(好人)·양민(良民)이 있듯이, 이 사회가 너무 호사회(好社會)인 듯이 보이는 때가 있다.
그러매 우리는 그 속에서 많은 회피의 초월, 유약(柔弱)의 선(善), 무골(無骨)의 관용, 극단의 철저, 자기(自棄)의 자만, 요설의 웅변을 볼 수 있다.

198
번민 속에 있어서 번민 없으매
내 생은 이미 편안하여라.
모든 사람 번민하는 속에서

나 혼자만이라도 번민 없이 살아가자.

我生已安　不病於病　衆人有病　我行無病

자네는 슬퍼해도 나는 슬퍼하지 않으련다.
자네는 죽더라도 나는 죽지 않으련다.
일면불(日面佛), 월면불(月面佛).

199
탐욕 속에 있어서 탐욕 없으매
내 생은 이미 편안하여라.
모든 사람 탐심 내는 속에서
나 혼자만이라도 탐욕 없이 살아가자.

我生已安　不慼於憂　衆人有憂　我行無憂

흔들림이 없는 때의 샘물은 맑다.
그대 참말 풍랑이 심한 때에도 의연히 맑을 수 있는 바다이뇨?

200
맑고 깨끗하여 가진 것 없으매
내 생은 이미 편안하여라.

하늘에 있는 광음천(光音天 : 神)처럼
즐거움으로 양식을 삼자.

我生已安　淸淨無爲　以樂爲食　如光音天

우리는 우리의 지위도 없고 명예도 없는 것을 부끄러워하지 말자.
더구나 그러한 자신이라 경멸하지 말자.
인생의 어느 생활에도 진리와 광명은 가득 차 있다.

201
승리는 원한을 가져오고
패한 사람은 괴로워 누워 있다.
이기고 지는 마음 모두 떠나서
다툼이 없으면 스스로 편안하다.

勝則生怨　負則自鄙　去勝負心　無爭自安

'패배의 승리, 승리의 패배' – 인생에는 이런 사실이 종종 있다.
싸우시오. 끝까지 싸우시오.
그러나 다만 소살(笑殺)해도 그만일 작은 적들을 우리는 인생에 너무 많이 가지고 있다.

202

음욕에 지나는 불길이 없고
성냄에 지나는 독이 없으며,
내 몸에 지나는 고통이 없고
고요(滅)에 지나는 즐거움이 없다.

熱無過婬　毒無過怒　苦無過身　樂無過滅

고뇌에 시달리면 시달릴수록 의연히 그 소직(素直)한 마음을 잃지 않는 다는 것은 얼마나 아름다운 일인가?
훌륭한 결과, 그리 쉽사리 나타나지 않음은 차라리 귀한 것이다.

203

굶주림은 가장 큰 병이요,
행(行)은 가장 큰 괴로움이다.
만일 이것을 분명히 알면
가장 편안한 열반이 있다.

飢爲大病　行爲最苦　已諦知此　泥洹最樂

욕망은 무한이다.
그러므로 그 불붙는 욕망을 식히는 일은 유한한 물질적 대상으로는 불가능하다.

오직 그의 정복에 의한 만족이 있을 뿐이다.

204
병이 없는 것 가장 큰 은혜요,
만족을 아는 것 가장 큰 재물이다.
친구의 제일은 미쁜 것이요,
즐거움의 제일은 열반이니라.

無病最利　知足最富　厚爲最友　泥洹最快

어떠한 경우에도 자기를 배반하지 않는, 자기가 가진 어떤 힘의 존재에 대해서 무한한 기대를 가지자.
그 힘의 구제는, 언제나 우리가 그 힘을 자각하고 신뢰하는 상응 가치이다.

205
번뇌를 멀리 떠나 혼자 고요히
편안한 그 뜻을 즐거이 알면,
음욕도 없고 탐심도 없어
감로의 법의 물을 마실 것이다.

解知念待味　思將休息義

無熱無饑想　當服於法味

얼마나 많은 사람이 착한 일을 하기 위하여 착한 사람이 되기를 잊어버렸던고!
세상의 악취 중에도 선행의 부육(腐肉)에서 발생하는 악취처럼 구역질 나는 것은 없다.

206

거룩한 사람을 보는 것 즐겁고
거룩한 사람 섬기는 것 즐겁다.
어리석은 사람을 떠날 수 있어
착한 일 행해 혼자서 즐겁다.

見聖人快　得依附快　得離愚人　爲善獨快

사람이 너무 되어 버린 사람,
어딘가 가까워지지 않는다.
자기보다 나은 사람을 가려 친구로 사귀라!

207

어리석은 사람과 함께하기 어렵나니,
마치 원수들 속에 섞인 것 같다.

어진 사람과 함께하기 즐겁나니,
마치 친족들 속에 싸인 것 같다.

與愚同居難　猶與怨同處
當選擇共居　如與親親會

자기의 한평생이란, 한평생 자기가 걸어간 길이다.
그러나 과연 그 길을 자기 스스로 걸어간 사람이 몇이나 될까!

208
어질고, 많이 들어 지혜로우며,
욕을 참고, 계를 가져 거룩한 사람,
이 거룩한 사람을 받들어 섬겨라.
그는 뭇 별 속에 있는 달과 같나니.

是故事多聞　幷及持戒者
如是人中上　如月在衆星

우리가 고독을 느낀다는 것은, 사람과 사람 사이를 분리시키는 공간에 있는 것이 아니다.
자기와 자기 생명이 발생하는 곳과의 공간, 즉 우리 자신이 형성되는 바의 힘과의 분리에 있다.
우리의 행(行)·주(住)·좌(坐)·와(臥), 어(語)·묵(默)·동(動)·정(靜) 어느 곳에나 그 힘은 가득 차 있다.

16. 애호품(愛好品)

부처님은 말씀하셨다.

옛날에 '보안'이라는 임금이 있었는데, 이웃 나라의 네 임금과 친하게 지냈다. 한 번은 이 네 왕을 청해 큰 잔치를 베풀고 먹고 마시며 즐거워하다가, 보안 왕이 네 왕에게 물었다.

"이 세상에서 사람에게 무엇이 가장 즐거운가?"

한 왕은 말했다.

"유희이다."

한 왕은 말했다.

"친척들이 모여 음악하는 것이다."

한 왕은 말했다.

"재물이 많아 하고픈 대로 하는 것이다."

한 왕은 말했다.

"애욕을 마음대로 하는 것이다."

이에 보안 왕은 말했다.

"그대들이 말하는 것은 모두 고뇌의 근본이요, 우외(憂畏)의 장본으로서 처음에는 즐겁지만 나중에는 괴로운 것이다. 고요해서 구하는 것이 없고, 마음이 깨끗해서 하나를 지켜 도를 얻는 즐거움이 제일이오."

― 법구경, 애호품

209

도를 어기면 자기를 따르게 되고
도를 따르면 자기를 어기게 된다.
이 뜻을 모르고 마음대로 행하면
고는 애욕을 따르게 되나니.

違道則自順　順道則自違
捨義取所好　是爲順愛欲

우리의 참 생활이 아닌 생활, 참으로 필요하지 않은 생활, 모든 생활 아닌 생활 ― 잎을, 가지를, 껍질을, 기름을, 분(粉)을, 패물(佩物)을, 가락지를, 옷을, 그림자를 모조리 벗기고, 깎고, 추려 보라.
최후의 환원되는 곳, 정미(正味)의 생활은 무엇인가?
모름지기 열 손가락도 꼽을 필요가 없다.

210

사랑하는 사람을 가지지 말라.
미운 사람도 가지지 말라.
사랑하는 사람은 못 만나 괴롭고

미운 사람은 만나서 괴롭다.

不當趣所愛　亦莫有不愛
愛之不見憂　不愛見亦憂

하고 싶은 것을 하지 못하는 괴로움, 하기 싫은 것을 해야 하는 괴로움.
그러나 '하고 싶다'는 것과 '하기 싫다'는 것은 모두 '나'를 버리지 못한 고뇌이다.
자진적(自進的)인 자비에 모든 고는 낙이요, 광영(光榮)이다.

211
그러므로 사랑을 지어 가지지 말라.
사랑은 미움의 근본이니라.
사랑도 미움도 없는 사람은
모든 구속과 걱정이 없나니.

是以莫造愛　愛憎惡所由
已除縛結者　無愛無所憎

현명한 사람은 남을 믿지 않는다.
더구나 여성을 믿지 않는다.
자기 자신도 믿지 못할 것인 줄을 알고, 그러나 또 믿을 것이 있다면 오직 자기 자신뿐인 줄을 알기 때문이다.

212

사랑으로부터 걱정이 생기고
사랑으로부터 두려움이 생긴다.
사랑이 없으면 걱정이 없거니,
또 어디에 두려움이 있겠는가?

好樂生憂　好樂生畏　無所好樂　何憂何畏

사랑은 결점을 묻어 준다.
그러나 그 결점에서 오는 관심의 고통을 두려워하여
일부러 못 본 척하기도 한다.

213

친애(親愛)로부터 걱정이 생기고
친애로부터 두려움이 생긴다.
친애 없는 곳에 걱정이 없거니,
또 어디에 두려움이 있겠는가?

愛喜生憂　愛喜生畏　無所愛喜　何憂何畏

여자는 아무리 가까이 가서 살펴보아도
멀리서 바라보고 생각하던 것을 보여 주지 않는다.

214

애요(愛樂)로부터 걱정이 생기고
애요로부터 두려움이 생긴다.
애요 없는 곳에 걱정이 없거니,
또 어디에 두려움이 있겠는가?

愛樂生憂　愛樂生畏　無所愛樂　何憂何畏

여자는 수수께끼다. 언제나 해결될 수 없는 수수께끼다.
해결될 아무것도 없기 때문에…….
여자여! 당신은 당신 자신을 돌아보아, 스스로 이상해 하지 않습니까?

215

애욕으로부터 걱정이 생기고
애욕으로부터 두려움이 생긴다.
애욕이 없는 곳에 걱정이 없거니,
또 어디에 두려움이 있겠는가?

愛欲生憂　愛欲生畏　無所愛欲　何憂何畏

마침내, 마침내 당신이 큐피드의 면사(面紗)를 벗겨 놓았을 때에,
당신은 거기서 무엇을 보십니까?
가을 바람에 딸각거리는 해골의 조각조각…….

그리고 그것은 당신 자신의 음영(陰影)입니다.

216

갈애(渴愛)로부터 걱정이 생기고
갈애로부터 두려움이 생긴다.
갈애 없는 곳에 걱정이 없거니,
또 어디에 두려움이 있겠는가?

貪欲生憂　貪欲生畏　無所貪欲　何憂何畏

우리는 사실 여성의 실상을 모르는 것이 아니다.
사랑이라는 정욕으로 말미암은 자기 기만을 끊임없이 행하고 있을 뿐이다.

217

바른 소견과, 착한 계를 갖추고
정성된 뜻에 말은 참되며,
스스로 하는 일이 법에 맞으면,
그는 많은 사람의 사랑을 받는다.

貪法戒成　至誠知慚　行身近道　爲衆所愛

인간의 수행이란 처음은 있으나 끝은 없다.
지상(至上)의 도란 한이 없기 때문이다.
그러므로 지상의 도, 무한의 도를 체득한 사람은 자유인 것이다.
거기에는 법칙에의 수순(隨順)이 아니요, 창조적 진화가 있을 뿐이다.

218
오직 하나 열반을 바라보고
즐거이 힘써 게으르지 않으며,
마음에 욕심의 걸림이 없으면,
생사의 물을 끊어 건너가리라.

欲態不出　思正乃語　心無貪愛　必截流渡

인식은 의지의 추적자요, 추수자(追隨者).

219
마치 사람이 고향을 떠나
오랜 동안의 나그네길 마치고,
멀리서 안전하게 돌아온 때에
친척이나 벗들이 반가이 맞이하듯.

譬人久行　從遠吉還　親厚普安　歸來喜歡

씨를 뿌리고, 김을 매고, 거름을 주어 곡식을 거두는 것은
밭을 간 자의 보수만이 아니라
훌륭한 명예도 된다.

220

이 세상에서 즐거이 복을 짓고
이승에서 저승으로 가는 사람은,
친척들의 즐거운 마중을 받듯,
제가 지은 복업(福業)의 마중을 받는다.

好行福者　從此到彼　自受福祚　如親來喜

종용자약(從容自若)의 죽음,
주장낭패(周章狼狽)의 죽음,
같은 죽음에 각기 다른 태도이다.

17. 분노품(忿怒品)

부처님은 말씀하셨다.

"옛날에 임금이 있었는데, 기러기 고기를 좋아했다. 항상 사냥꾼을 시켜 그물을 쳐서 기러기를 잡아, 날마다 한 마리씩을 보내게 하여, 그것으로 밥상을 차렸다. 그 때에 기러기의 왕이, 오백 마리의 떼를 거느리고 먹이를 찾아 내려왔다가 그물에 걸렸다. 기러기 떼는 놀라 공중을 돌면서 떠나지 않았다. 그 중 한 마리는 화살도 피할 줄 모르고 피를 토해 슬피 울면서 밤낮을 쉬지 않았다. 사냥꾼은 그 의리를 불쌍히 여겨 곧 기러기의 왕을 놓아 주었다. 기러기 떼는 그 왕을 얻어 기뻐해 싸고 돌았다. 사냥꾼은 이 사실을 왕에게 자세히 알렸다. 왕도 매우 느낀 바 있어, 그 뒤로는 기러기 잡기를 폐했다."

부처님은 아사세 왕에게 말씀했다.

"그 때 그 기러기의 왕은 곧 나요. 그 한 마리의 기러기는 아난이요, 오백의 기러기 떼는 지금의 오백 나한이요, 그 임금은 지금의 대왕이요, 그 사냥꾼은 지금의 조달이다. 저 조달은 전세 때부터 항상 나를 해치려 하지만, 나는 큰 자비의 힘으로써 그 원악(寃惡)을 생각하지 않았으므로, 나 자신 부처가 되었다."

― 법구경, 분노품

221

성냄을 버려라. 거만을 버려라.
모든 애욕과 탐심을 버려라.
정신에도 물질에도 집착하지 않으면
고요하고 편안해 괴로움이 없다.

捨恚離慢　避諸愛貪　不著名色　無爲滅苦

정직은 진격(震擊)하고 허위는 모함한다.
때문에 전자에는 분노는 있으나 고뇌는 없고,
후자에는 함원(含怨)과 사익이 있을 뿐이다.

222

성내는 마음을 스스로 억제하기
달리는 수레를 멈추듯 하면,
그는 진정 훌륭한 어자(御者)…….
그 밖에는 오직 고삐를 잡을 뿐.

恚能自制　如止奔車　是爲善御　棄冥入明

언제, 또 어쩌다가인지는 몰라도 사람은 그 세포 속에 야견(野犬)을 기르기 시작했다.
그 야견은 잔인을 좋아하고 못내 피를 보고 싶어한다.

그러므로 그것은 이성에 압박되어 있다가 가끔 본성을 드러내는 일이 있으니, 우리는 그것을 광란이라고 부른다.

223

욕을 참아서 분(忿)을 이기고
착함으로써 악을 이겨라.
보시를 줌으로써 인색을 이기고
지성으로써 거짓을 이겨라.

忍辱勝恚 善勝不善 勝者能施 至誠勝欺

분을 참는 것도 한계가 있는가?
그는 항상 무시를 당하고,
진실과 정직도 한계가 있는가?
그는 흔히 따돌림 당하고,
남에게 주는 것도 한계가 있는가?
그는 대개는 가난하다.

224

속이지 말라. 성내지 말라.
많음을 구해 탐심을 내지 말라.
이 세 가지를 법다이 행하면

죽어서 곧 천상에 나리라.

不欺不怒　意不多求　如是三事　死則上天

약간의 도덕적인 일부의 호의로 전체를 살리는 이(利)가 있을 수 있다. 또 그 호의로 말미암아 자타를 함께 죽이는 해가 있을 수도 있다. 그러나 그 이와 해를 돌아보지 않고 남에게 주려는 곳에, 깊이깊이 감추어져 있는 아름다운 인간성의 본면목(本面目)이 있다.

225

항상 스스로 몸을 거두어
중생의 목숨을 해치지 않으면,
그는 곧 천상에 나리라.
천상에 나서 걱정이 없으리라.

常自攝身　慈心不殺　是生天上　到彼無憂

"나무라도 한창 자라는 맥을 자르지 말라." — 맹자

226

마음이 항상 한 곳에 깨어 있어
밤낮 쉬지 않고 꾸준히 닦아,

마음의 더러움 다하고 깨달음이 생기면
그는 열반에 이를 것이다.

意常覺寤　明暮勤學　漏盡意解　可致泥洹

마음을 한 곳에 머물게 하라.
하나를 위해 모든 것을, 모든 것을 버려라.
자기 생활의 어떠함을 느끼는 것은
악마가 엿보는 틈이 있는 것이다.

227

오늘부터 아니라, 먼 옛날부터
사람들은 서로 헐고 뜯나니.
말이 많아도 비방을 받고
말이 없어도 비방을 받고
말이 적어도 비방을 받고…….
비방받지 않는 사람 세상에 없다.

人相謗毀　自古至今　旣毀多言
又毀訥忍　亦毀中和　世無不毀

"당신의 그 묵언은 무슨 까닭입니까?"
"남에게 하소연할 슬픔이 없고, 남에게 자랑할 기쁨 또한 없고, 칭예(稱

譽) 곧 비하시되고, 충고 도리어 원망을 가져오니, 이 일개 범부, 벙어리 될 수밖에……."

228

비방만 받는 사람, 칭찬만 받는 사람
없었고, 없고, 또 없을 것이다.
칭찬도, 비방도 속절없나니,
모두가 제 이름과 이익을 위한 것뿐.

欲意非聖　不能制中　一毁一譽　但爲利名

인형은 언제나 괴롭다.

어디 보자.
나의 '얼'과 홍정해 보려는 그대는 무엇을 가지고 왔는가? 돌(咄)!

229

총명하고 영리해 법을 받들어
지혜와 계율과 정(定)을 갖추어,
저 '염부(금 이름)'의 금같이 빛나는 사람이면,
누가 그를 헐뜯어 말할 것인가?

多聞能奉法　智慧常定意
如彼閻浮金　孰能說有瑕

얼른 보아 그 외면이 극히 단순하고 한 모양인 행동이라도, 그 속에는 그것이 말미암아 나오는 바의 무수한 일체 사물이 포함되어 있다.
그 종자의 무수한 사물을 내포하고 있는 과실의 단순한 껍질처럼 혹은 난자(卵子)처럼.
"사람은 그 행한 바를 따라 심판을 받고, 그 심판에 따라 책임을 져야 하느니라." - 예수

230
저 아라한처럼 깨끗한 이를
누가 헐뜯어 말할 것인가?
모든 신도 그를 칭찬하나니,
범천(梵天)·제석(帝釋)도 그를 칭찬하나니.

如羅漢淨　莫而誣謗　諸天咨嗟　梵釋所稱

따스한 햇볕과 고운 바람 앞에, 그윽한 향기와 아름다운 맵시로 우리의 마음을 빛나게 하는 가지각색의 꽃에는, 자랑스러운 영예가 있다.
무겁고 어두운 검은 흙 속에서, 남 모르는 인종과 침묵의 성업(聖業)을 쌓아 가는 그 뿌리에는 쓸쓸한 고련(苦鍊)이 있다.
그러나 자랑스러운 영예는 쓸쓸한 고련에서 피어난 꽃이거니, 법(法)의 열(悅)과 도(道)의 낙(樂) 속에서 혼자 가만히 살아가는 고련의 생명은

축복되어라.

231
항상 내 몸을 잘 지키자.
성내는 마음에서 잘 지키자.
사나운 행동을 멀리 떠나서
덕의 행실을 몸으로 행하자.

常守愼身　以護瞋恚　除身惡行　進修德行

내 만일 일시적인 쾌락을 따르지 않을 만큼 위대할 수 있었다면…….
아니면 그것에 대해서 마음에 가책을 받지 않을 만큼 위대할 수 있었다면…….

232
항상 내 입을 잘 지키자.
성내는 마음에서 잘 지키자.
추운 욕설을 멀리 떠나서
법다운 말을 입으로 익히자.

常守愼言　以護瞋恚　除口惡言　誦習法言

무언, 또는 침묵을 주의하라.
그것은 흔히 그 내용보다 그 가치를 과장하는 일이 있다.

충실한 존재는 요설을 필요로 하지 않는다.

233

항상 내 마음 잘 지키자.
성내는 마음에서 잘 지키자.
악한 생각을 멀리 떠나서
도를 생각해 마음에 두자.

常守愼心　以護瞋恚　除心惡念　思惟念道

항상 본능의 물결, 충동의 고통에 밀리고 시달리면서,
그래도 높고 귀한 영성(靈性)의 자기에 귀를 기울이려는 이 희원은 어디서 올까?

234

몸을 지키고, 입을 지키고
또 안으로 마음을 지켜,
모두 성냄 버리고 도를 행하자.
욕(辱)을 참는 것, 가장 강하다.

節身愼言　守攝其心　捨恚行道　忍辱最强

우리가 이 세상을 살아갈 때에, 또는 어떤 사업에 실패할 때에 흔히 실없는 고통과 번민을 일삼는다.
하늘을 원망하기 전에, 사람을 허물하기 전에
먼저 자기의 진정한 재산을 알라.

18. 진구품(塵垢品)

 옛날에 어떤 사람이 있었는데 형제가 없었다. 그 부모는 이를 가엾게 여겨 어떻게든지 사람을 만들려고 스승에게 보내 공부를 시켰다. 그 사람은 교만하고도 게을러서, 공부에 마음이 없어, 아침에 배우고는 저녁에 내버려 몇 해를 지내도 얻은 것이 없었다. 부모는 도로 불러 집안일을 보살피게 했다. 그러나 집안일에도 힘쓰지 않고 되는 대로 버려 두었다. 드디어는 살림을 팔아, 갖은 행동을 어지러이 저지르고도 부끄러운 줄을 몰랐다. 모든 사람은 그를 미워해 흉악하다고 해서 말도 건네지 않았다. 그러나 그는 자기의 잘못은 모르고, 도리어 남을 허물하고, 부모를 원망하고, 스승이나 친구를 꾸짖고, 조상의 신령이 도와 주지 않는다고 성내고, 드디어는 부처님에게 복을 빌기 위해서 부처님 계신 곳으로 나아갔다.
 부처님은 말씀하셨다.
 "대개 도(道)를 구하고자 하면 깨끗한 행(行)이 있어야 한다. 네가 속세의 때를 가지고 우리 도에 들어온댔자 아무 소득이 없을 것이다. 차라리 집에 돌아가 부모에게 효도하고, 스승의 가르침을 익혀 외고, 집안일을 부지런히 돌보고, 나쁜 일을 짓지 않고, 말이나 행실을 삼가고, 마음을 잡아 하나를 지키는 것이 나을 것이다.

이렇게 마음을 가져 행하면 곧 도를 얻을 것이다."

그리고 이내 게송(241, 242, 243)을 설하셨다. 그는 문득 마음을 고쳤다.

- 법구비유경, 진구품

235
이제 마른 잎 같은 너의 몸이다.
염마(閻魔)의 사자는 네 곁에 왔다.
너는 이제 황천의 문턱에 섰다.
그러나 너에게는 노자도 없구나.

生無善行　死墮惡道　往疾無間　到無資用

깊은 밤이나 혹은 새벽, 이불 속에서 가슴에 두 손길 얹고 고요히 눈감으며 죽음을 생각해 보십시오. '이제 내가 죽는다.'고 생각해 보십시오.
당신의 머리에 떠오르는 것(그것은 당신의 세상에 대한 미련의 표징적 대상인 것)은 얼마나 미미하고 사소한, 보잘것없는 것입니까?
우리는 갈수록 생의 연착(戀着), 사의 비애와 공포의 부사의(不思議)한 신비를 느낌과 동시에, 인생의 허망을 느낄 것입니다.

236
너는 너의 귀의할 곳을 만들라.

부지런히 힘쓰고 지혜로워라.
마음에 더러움이 없는 사람은
거룩하고 빛나는 하늘에 날 것이다.

當求智慧　以然意定　去垢勿汚　可離苦形

어둠에서 어둠으로, 고독에서 적막으로 헤매며 허덕이는 나그네의 인생에,
어디엔가 광명과 위안이 있을 듯 느끼는 이 요구는
어디서 올까?

237
너는 이제 젊은 때를 이미 지나,
염마의 곁에 와 가까이 섰다.
그러나 가는 중간 머물 곳도 없구나.
또 너는 앞길의 노자도 없구나.

해는 어느새 서천에 비꼈는데
북을 울려서 목숨을 재촉하네.
저승 가는 길에 나그네집 없거니
아아, 오늘 밤 어디서 쉴꼬!
　　　　　　　　　－ 성삼문

238

너는 너의 귀의할 곳을 만들라.
빨리 힘써 어질고 지혜로워라.
마음의 더러움이 없는 사람은
다시는 죽고 삶에 들지 않는다.

그 사람의 인격을 숭앙(崇仰)하고 흠모하는 곳에 신앙이 생긴다.
신앙이 있는 곳에 나도 모르는 사이에 모방이 생긴다.
미타의 칭념(稱念)과 감사에서 미타의 인격적 위대성의 훈도(薰陶)를 입고, 나아가 정토를 모방한 세계의 건설이 생기는 것이다.

239

어진 사람은 서둘거나 굽히지 않고
조용히, 차근차근, 꾸준히 힘써,
금을 다루는 야장(冶匠)처럼
마음의 때를 씻어 벗긴다.

慧人以漸　安徐精進　洗除心垢　如工鍊金

생사사대(生死事大)! 천지를 주어도 바꿀 수 없는 생명은 중한 것이다. 죽음은 중한 것이다.
그러나 벌레 같은 이 목숨, 그 어디가 중하다 하는고? 조그마한 친절을 위해서도 즐거이 죽어 가는 이 생명들이 아닌가?

보다, 생명을 완전히 생각하지 않는 그 경지에 생명의 지고(至高)가 있는 것이다.
언제나 맥맥(脈脈)이 살아 있는, 우리의 일체 본능을 초극하는 생명!

240

악은 사람의 마음에서 나
도로 사람의 몸을 망친다.
마치 녹이 쇠에서 나서
바로 그 쇠를 먹는 것처럼

惡生於心　還自壞形　如鐵生垢　反食其身

우리는 무엇 때문에 윤회전생(輪廻轉生)의 사상에 공포를 느끼고, 그곳에 떨어지지 않기 위하여 일체의 조업을 삼가야 하는가?
과거의 내가 무엇이었는지 현재의 내가 모르고, 과거의 나의 고락과 현재의 나의 고락의 관계를 모르매, 현재의 내가 미래의 나에게 무슨 관계가 있을까?
결국 전생(轉生)을 위한 지작수행(止作修行)은 나를 위함이 아니요, 알 수 없는 '어떤 다른 한 생명'을 위한 '보살행'인 것이다.

241

익히지 않는 것을 말의 때라 하고

부지런하지 않은 것을 집의 때라 한다.
게으른 것을 몸의 때라 하고
방일한 것을 일의 때라 한다.

不誦爲言垢　不勤爲家垢　不嚴爲色垢　放逸爲事垢

생이 계속되는 이상, 일정한 부자유가 없을 수 없다.
일정한 부자유 속에서 자유로 자기를 표현하고 완성하는 것이 인생의 정당한 사실인 동시에, 일정한 부자유 없는 자유가 있다면, 우리는 거기서 부자유 이상의 부자유의 고(苦)를 맛보지 않으면 안 될 것이다.

242
정숙하지 않은 것을 여자의 때라 하고,
인색한 것을 시자(施者)의 때라 하고,
이 세상의 모든 악한 행실을
이승이나 저승의 때라 한다.

慳爲惠施垢　不善爲行垢
今世亦後世　惡法爲常垢

역사에 나타난 많은 영웅 걸사의 위대한 공명도, 미모와 재덕과 부를 소유한 젊은 미망인의 일생의 수절에 비하면 그 의지의 견고한 위력을 그리 장하다 못할 것이다.

그것은 소극적·수동적인 무위가 차라리 적극적·능동적 유위보다 힘들기 때문이다.
역사는 항상 인생의 껍질만 빨았다. 얼마나 많은 보옥이 그 속에 매장되어 있는가?

243
이 세상의 많은 때 가운데
어리석음보다 심한 때는 없나니
비구들이여, 공부하는 이들이여,
악을 떠나서 이 때를 없게 하라.

垢中之垢　莫甚於癡　學當捨惡　比丘無垢

자기가 보는 일체의 것은 결국 자기 투영에 불과하다.
얼마나 많은 사람이 자기의 투영에 경황(驚惶)하고 집착하여 신음하고 고뇌하는가?
그러나 그림자란 반드시 광(光)을 전제하고, 광을 등진 데서 생긴다.
먼저 돌아서 보라. 거기에는 오직 광명이 있을 뿐이다.

244
은혜도 모르고, 부끄럼도 없이,
못된 성질로 교만스럽게,

낯짝 두껍게 덕을 버린 사람은
생활은 쉽다. 더러운 생활이다.

苟生無恥　如鳥長喙　强顔耐辱　名曰穢生

너무나 적나라한, 공동 변소의 희화(戱畵)나 낙서에서 우리는 가장 단적으로 인간의 동물성을 발견할 수 있다.
그것을 보고 거리에 나서서, 뭇 사람의 얼굴을 바라보며 나는 혼자 미소를 띠운다.

245
부끄러워할 줄 아는 것 괴롭다 해도
이름과 이(利)를 버려 집착이 없고,
바르고, 겸손하고, 지혜로운 사람은
생활은 어렵다. 깨끗한 생활이다.

廉恥雖苦　義取淸白　避辱不妄　名曰潔生

겸손은 진공(眞空)이다. 성직(誠直)이다.
진실하고 공(空)하기 때문에 위대한 생명의 힘을 낳고,
성실하고 솔직하기 때문에 의례와 형식을 뛰어넘어 혼과 혼이 마찰한다.

246

사람이 만일 생명을 죽이고
하는 말에 진실이 없으며,
주지 않는 물건을 앗아 가지고
남의 아내를 즐겨 범하며,

愚人好殺　言無誠實　不與而取　好犯人婦

천하에 '달진(達鎭)' 이상의 죄인은 없을 것이다.

247

욕심을 따라 계를 범하고
'졸라(술)', '미려야(술)'에 빠지게 되면
그는 벌써 이승에서
제 몸의 뿌리를 파는 것이다.

逞心犯戒　迷惑於酒　斯人世世　自掘身本

유혹의 효용.
선을 악에 대해서 힘을 얻게 하고, 진(眞)을 결정하여 이것을 선과 화합하게 하고, 악과 악의 거짓을 멸진하게 하고, 내적 영인(靈人)을 개발하여 자연인으로 하여금 그 절도에 따르게 하고, 동시에 자애(自愛)와 세간애(世間愛)를 파괴하여 이로부터 나오는 모든 욕심을 제약하고……

불(佛)·신(神)이 나를 위하여 싸우시고, 또 나를 이기게 하심을 믿게 하는 데 있다.

248
사람들아, 마땅히 이것을 알라.
제어 없는 모든 것은 악이니라.
법답지 않은 모든 악을 멀리해
길이 네 몸을 괴롭게 하지 말라.

人如覺是　不當念惡　愚近非法　久自燒沒

우리의 힘에 상응한 우리의 욕망을 가질 때만,
행복은 자기 몸을 우리에게 바치기를 주저하지 않는다.

249
참으로 마음에서 우러나는 보시는
이름이나 칭찬을 바라지 않나니,
만일 남의 허식만을 따른다면
마음은 항상 편안하지 못하리라.

若信布施　欲揚名譽　會人虛飾　非入淨定

자연은 극히 소량으로 만족할 수 있는 욕망만을 우리에게 부여하였다.
우리는 인위로 부질없이 그것을 증대시킴으로써, 그 만족의 대상을 감소시킨다.
그것은 행복에 대한 무지와 인식 착오의 요견(謬見)이 가져오는 것이다.

250

칭찬을 바라는 모든 허영 버리고
이름을 생각하는 욕심 뿌리 끊어서,
밤이나 낮이나 하나를 지키면
그 마음 언제나 안정을 얻으리.

一切斷欲　截意根原　晝夜守一　必入定意

신 앞에서 논죄(論罪)받는 혼은 사람 앞에서도 논죄받는다.
그러나 사람 앞에서 논죄받는 혼이라고 해서 반드시 신 앞에서 논죄받는 것은 아니다.

251

음욕보다 뜨거운 불이 없고,
성냄보다 빠른 바람이 없고,
무명(無明)보다 빽빽한 그물이 없다.
애정의 흐름은 물(河)보다 빠르다.

火莫熱於婬　捷莫疾於怒
網莫密於癡　愛流駛乎河

업이란 영원한 과거로부터 피에서 피로 전해 내려온, 훈련된 동물적 성향이요, 운명이다.
그러므로 종교란 이 긴 역사를 가진 폭군에의 반역의 봉화요, 항전이다.
여기에 어찌 비통한 한숨, 피에 젖은 패뉴(敗忸), 참인(慘忍)한 십자가가 없을 수 있으랴!

252
남의 잘못은 보기 쉽지만
자기 잘못은 보기 어렵다.
남의 잘못은 쭉정이처럼 까불고,
제 잘못은 주사위의 눈처럼 숨긴다.

善觀己瑕障　使己不露外
彼彼自有隙　如彼飛輕塵

사람이 생활에서 어쩔 수 없는 운명에 부닥칠 때, 처음에는 그것을 돌파하여 새로운 생활을 타개하려는 반역적 기분을 가진다.
그러나 돌파하고 타개할 만한 능력을 가지지 못할 때는, 차라리 현상에 안주하기 위한 단념을 생각하고, 또 단념하기 위해서는 도리어 그 이유를 여러 가지로 생각한다.
여기에 인간의, 자기를 속이는 비겁이 있고 교활이 있다.

253

만일 자기의 잘못은 숨기고
남의 잘못만 찾아내려 한다면,
마음의 더러움은 더하고 자란다.
더하고 자라 없어질 때는 멀다.

若己稱無瑕　罪福俱幷至
但見外人隙　恒懷危害心

남을 속이려는 비밀한 계획을 얼른 알아차려 속지 않는 것은 총명이다. 그러나 이 총명, 때로는 악착이 되고…….
알고도 모르는 듯 속아 주는 것은 아량이다. 그러나 이 아량, 때로는 무력이 된다.
악착이 아닌 총명은 경책(警策)이요, 무력이 아닌 아량은 자비이다.

254

허공에는 새의 발자국 없고,
사문에게는 다른 뜻이 없다.
세상 사람은 모두 겉치레 즐기지만
부처님만은 깨끗해 거짓 없다.

虛空無轍迹　沙門無外意
衆人盡樂惡　唯佛淨無穢

위선을 꺼린다 하여 함부로 독설을 뱉어, 중인(衆人)의 혐오로 자고(自高)하는 자.

능변을 자랑하여 함부로 조언(粗言)을 날려, 속중(俗衆)의 갈채로 쾌를 탐하는 자.

255

허공에는 새의 발자국 없고,
사문에게는 다른 뜻이 없다.
세상은 모두 항상됨이 없지만
부처님만 항상 계신다.

虛空無轍迹　沙門無外意
世間皆無常　佛無我所有

불성은 시간과 공간을 초월한 그대로의 자성을 지키는 진제(眞際)의 실재(實在)요, 자아 전일(全一)이다.

공간을 떠났으매 편재(遍在)요, 시간을 떠났으매 영원이다.

편재이매 대소(大小)에 동일하고, 영원이매 지속(遲速)에 자유이다.

그러매 시공을 초월한 거기에는, 시공의 진행은 서로 융합하는 것이다.

19. 주법품(住法品)

'살차니건'이라는 바라문이 있었다. 총명하고 지혜 있어 나라의 제일이라 했다. 오백의 제자를 거느리고 스스로 뽐내어 천하를 돌아보지 않고, 항상 철판으로 배를 감고 있었다. 사람들이 그 까닭을 물으면 지혜가 넘쳐나올까 걱정해서라고 했다. 부처님이 세상에 나와 널리 교화를 편다는 말을 듣고, 질투를 느껴 늘 마음이 편치 않았다. 깊고 어려운 일을 물어 부처님을 힐난하고자 제자를 거느리고 기원으로 찾아왔다.

멀리 문밖에서, 세존의 위광이 혁혁해서 마치 아침 해가 솟는 것 같은 것을 바라보고 기쁘고 두려운 마음으로 곧 부처님 앞에 나아가 물었다.

"어떤 것이 도며, 지혜며, 장로며, 어떤 것을 도가 있다 하며, 단정(端正)이라 하며, 어떤 것이 사문이며, 비구며, 인명(仁明)이며, 봉계(奉戒)인가? 만일 이것을 분명히 해답하면 제자가 되겠노라."

부처님은 게송(256~270)으로써 대답했다. 살차니건과 오백 제자는 모두 알아듣고, 기쁜 마음으로 교만을 버리고 사문이 되었다. 니건은 보리심을 일으키고 제자들은 다 아라한 도를 얻었다.

— 법구비유경, 주법품

256

바른 도를 즐기는 사람은
이익을 위해 다투지 않나니
이익이 있거나 이익이 없거나
욕심이 없어 미혹하지 않는다.

好經道者 不競於利 有利無利 無欲不惑

아욕(我慾)과 명예욕에 맹진하는 용자보다도, 절(節)을 지키고 분(分)에 안(安)하는 의인이 좋지 않은가?
위인이란 반드시 세상의 이목을 용동(聳動)하는 외화(外華)에만 있는 것이 아니다. 보다 자기를 알고 사물의 진자(眞委)를 오료(悟了)한 내실(內實)에 있는 것이다.

257

항상 사랑으로 남을 이끌고
마음을 바루어 법다이 행동하며,
정의를 지키고 지혜로운 사람,
이를 '도에 사는 사람'이라 부른다.

常愍好學 正心以行 擁懷寶慧 是謂爲道

고림하(苦林下)의 견명성(見明星)과 광야의 수천계(受天啓)에, 석가·예수의 종교적 천재아(天才兒)의 위대성이 있는 것이다.

그러나 오도(悟道)도 석가의 오도요, 수계(受啓)도 예수의 수계이니 그 위대, 우리에게 무슨 교섭이 있으랴!

그보다 "나도 너, 너도 나. 나를 이용하라. 그리하여 너는 너 자신이 되라."는 정녕(叮嚀)한 자비에, 석가·예수의 진정한 종교적 위대성이 있는 것이다.

258

이른바 지혜로운 사람이란,
반드시 말하는 것만이 아니다.
두려움도 없고 미움도 없으며,
착함을 지키면, '지혜로운 사람'이다.

所謂智者　不必辯言　無恐無懼　守善爲智

행동의 완전한 충실이 없는 곳에 말의 필요가 있고,
내적 품위의 충실이 없는 곳에 훌륭한 외관의 필요가 있다.

259

이른바 법을 가지는 사람이란,
많이 말하는 것만이 아니다.
비록 적게 법을 들어도

이것을 몸소 닦아 행해서
잘 지켜 함부로 하지 않으면,
참으로 '법을 가지는 사람'이다.

奉持法者　不以多言　雖素少聞
身依法行　守道不忘　可謂奉法

십자가 위에서의 예수의 사형!
이 때처럼 인간의 잔학성을 보인 일은, 아직 인류 역사에 없었으리라.
그러나 이 때처럼 인간의 깊은 사랑과 신뢰를 세상에 보인 일은, 역사의 어느 곳에도 보이지 않으리라.

260

이른바 장로(長老)란,
반드시 나이 많은 것만이 아니다.
얼굴이 주름지고 머리털이 희어도
그것은 하염없이 늙었다 할 뿐.

所謂長老　不必年耆　形熟髮白　憃愚而已

되도록이면 오래 살아서 생의 경험을 풍부히 하려는 사람.
그 눈으로 보아서는,
천하에 하나의 '새로운 것'도 없을 것이다.

261

진실과 법과 사랑을 가지고
부드럽고 공정하고 사납지 않아,
이치에 밝고 마음이 깨끗하면
그야말로 '장로'라 부를 것이다.

謂懷諦法　順調慈仁　明達淸潔　是爲長老

평소에 가장 우러르고 존경하던 선배 인격자의, 어쩌다가 현로(顯露)되는 본능 그대로의 순간의 발작.
그것은 다른 사람 몇 배 이상으로 지극히 추하다.

262

이른바 단정(端正 : 尊者)이란,
질투하고, 인색하고, 아첨하거나
말과 행동에 어긋남이 있으면,
얼굴의 고움만은 될 수 없나니.

所謂端正　非色如花　慳嫉虛飾　言行有違

아첨이 '얼'을 잃은 것이라면 오만은 자모(自侮)일 것이다.
그러므로 자겸(自謙)할 줄 아는 자는 아첨이 없고, 자존할 줄 아는 자는 오만이 없다.

263

위의 모든 악을 능히 버려
그 뿌리마저 끊어 버리고,
성내는 마음 없어 지혜로우면,
이것을 일러 '단정'이라 할 수 있다.

謂能捨惡 根原已斷 慧而無恚 是謂端政

자신(自信)은 시기와 원한을 가지지 않는다.
그의 역으로
항상 모자람에서 생기는, 동기 없는 싸움이나 공연한 적개심을 우리는 본다.

264

이른바 사문이란,
머리를 깎았다, 그것 아니다.
말이 거짓되고, 마음에 탐욕 있어,
계가 없으면 범부와 같나니.

所謂沙門 非必除髮 妄語貪取 有欲如凡

고통과 분잡은 대개 목적과 수단을 혼동하고, 주객을 전도하는 관념의 소산이다.

그러나 그 목적과 수단이 구별되는 세계에는, 아직도 완전한 자유와 자율적인 활동이 있을 수 없다.

지성(至誠)한 마음, 순일한 태도에는 권(權)·실(實)이 병행한다.

265

작은 일에나 큰 일에나
모든 허물을 능히 그쳐서,
마음이 고요하여 어지러움 없으면,
이를 '사문'이라 부를 수 있다.

謂能止惡　恢廓弘道　息心滅意　是爲沙門

이름과 소리가 높아 가면 반드시 그 뜻과 절개는 낮아 가야 하는가!
몸이 문득 부에 처하면 반드시 그 덕조(德操)는 어지러워져야 하는가!
그보다 뜻과 절개를 높이매 이름이 높아 가는 것인가? 덕조를 돌아보지 않으매 부 스스로 좇아오는 것인가?
아무렇건 참사람은 차라리 이름도 소리도 없는 그곳에서 피어나는 꽃이 되고, 염결(廉潔)은 차라리 가난하고 약한 그 속에서 비로소 빛나는 한 줄기 광명이 된다.

266

이른바 비구란,

밥을 빌러 다닌다, 그것 아니다.
마음의 더러움 그를 따르면,
한갓 그 이름만 더럽힐 뿐.

所謂比丘　非時乞食　邪行婬彼　稱名而已

우리가 똑바로 말하자면
'나는 악한 일을 하지 않는다.'는 것만으로는
부끄러운 일이 아닐까?

267

죄와 복을 함께 버려
고요히 거룩한 법다운 행을 닦아,
지혜로 세상의 모든 악을 부수면,
이것을 '비구'라 이름하나니.

謂捨罪福　淨修梵行　慧能破惡　是爲比丘

선은 초조해 하지 않는다. 구김살이 없다. 옴츠러들지 않는다.
선은 유유(悠悠)하다. 명랑하다. 자유롭다.

268

이른바 인명(仁明 : 寂默)이란,
입으로 말이 없다, 그것 아니다.
마음이 어리석어 지혜 없으면,
한갓 바깥 형식만 따르는 것뿐.

所謂仁明　非口不言　用心不淨　外順而已

가장 무관심한 듯한 미소, 무비판한 미소.
일체를 다 경험한 듯, 초연한 듯한 미소, 거의 조소에 가까운 미소.
그것은 기실 한 개의 의혹에 불과하면서, 학문으로 가장하는 부도덕한 미소.

269

세상의 모든 일을 끝까지 보아
버릴 것도 없고 앗을 것도 없이,
이승·저승을 함께 떠나면,
이것을 '인명(仁明)'이라 하나니.

謂心無爲　內行淸虛　此彼寂滅　是爲仁明

진정한 생명, 그 자체에는 엄정히 보아 '손(損)'이란 있을 수 없다.
그러므로 실패가 도리어 성공이 될 수 있고, 성공이 도리어 실패가 될 수도 있다.

이손(利損)과 성패를 초월한 곳에 생활 그 자체가 하나의 의미요, 가치요, 또 무애(無碍)가 될 수 있는 것이다.

270

이른바 유도(有道 : 聖衆)란,
하나의 생명만을 구하는 것 아니다.
널리 온 천하 두루 건져
해침이 없는 것을 '도'라 하나니.

所謂有道 非救一物 普濟天下 無害爲道

잔학무쌍한, 독인(毒刃)을 쥐고 넘어진 적의 시체 위에 한 줌의 꽃을 던져 명복을 빈 여성이 있었다 한다.
여기에 일체의 이론을 버려라.
'사람'이 있을 뿐이다.

271

나는 많은 계를 지켰고,
많은 진실도 행해 보았다.
한가한 곳에 혼자 머물러
깊은 정(定)에도 들어 보았다.

戒衆不言　我行多誠　得定意者　要有閉損

결국 인생은 혼자 나고, 혼자 살고, 혼자 죽는 영원한 고아.
그러매 따스한 정을 찾고 밝은 광명을 찾는 것이다.

272
그러나 나는 아직 그것으로 말미암아
남 모르는 해탈을 맛보지 못했나니,
비구여, 네 마음에 아직 번뇌 있거든
네 뜻을 쉬지 말라, 굽히지 말라.

意解求安　莫習凡夫　使結未盡　莫能得脫

죄악을 극복하는 곳에 우리의 도덕적 선이 있고,
그 선을 초월하는 곳에 완전한 자유가 있다.

20. 도행품(道行品)

부처님은 말씀하셨다.

"모든 행자여, 실다이 '고(苦)'를 알고, 실다이 고의 '집(集)'을 알고, 실다이 고의 '멸(滅)'을 알고, 실다이 고를 멸하는 '도(道)'를 알라. 이를 깨달은 사람이라 한다.

고란 사는 고, 늙는 고, 병드는 고, 죽는 고, 원수와 만나는 고, 사랑과 떠나는 고, 구해서 얻지 못하는 고, 오음(五陰)이 성(盛)하는 고다. 고의 집이란 이러한 모든 고를 부르는 몸과 욕심과, 또 이러한 몸과 욕심을 일으키는 애착하는 마음이다. 고의 멸이란 사랑과 욕심과 모든 고의 결과를 끊어서 생사의 뿌리를 끊어 없애는 것이다. 고를 멸하는 길이란 팔정도(八正道)를 말한다.

행자여, 실다이 고를 알고, 고의 집을 끊고, 고의 멸을 알아서 증(證)을 짓고, 고멸의 길인 팔정도를 닦아라."

- 증아함경

273

도에는 팔정도를 묘하다 하고
진리(諦)에는 사구(四句)를 제일로 하며,
법에는 무욕(無欲)을 제일로 하고
이족(二足)[1]에는 명안(明眼)[2]을 높다고 한다.

1) 복과 지혜를 사람의 두 발에 비유함. 사람.
2) 불타를 가리킴.

道爲入直妙　聖諦四句上
無欲法之最　明眼二足尊

사성제(四聖諦), 팔정도, 팔만사천 법문,
어느 '한 곳'으로 돌아가는가?
그 '한 곳'을 찾아 받들자.
내 '마음' 하나를 찾아 받들자.

274

이 길은 곧 바른 길이다.
이 길을 두고 다른 길 없다.
이 길로 나아가면 모든 괴롬 멸하고
악마의 무리를 쳐부수리라.

此道無有餘　見諦之所淨
趣向滅衆苦　此能壞魔兵

하나의 전(全)을 위하여 다(多)의 여(餘)를 버려라.
잘 버릴 줄 아는 자만이 잘 얻을 수 있나니,
일사(一事)는 언제나 만사(萬事)의 희생을 엄밀히 요구한다.

275

내 이미 이 도를 깨달아
사랑의 가시를 빼었나니,
너희 마땅히 스스로 힘써
여래(부처님)의 가르침을 받아 행하라.

吾已說道　拔愛固刺　宣以目勗　愛如來言

견성(見性)이란 '낡은 진리를 독창적으로 달득(達得)'함을 이름이 아닐까?

276

내 이미 너희에게 법을 설했다.
너희 마땅히 스스로 힘써
여래의 가르침을 받아 행하면,
사랑의 독화살 맞지 않으리.

吾語汝法　愛箭爲射　宣以自勗　受如來言

남을 구원하고 세상을 제도하려는 자, 먼저 자기 자신이 무일물(無一物)의 경지에 안주하기를 배워야 할 것이다.
많이 가진 자, 많이 가지기를 원하는 자보다 버리기를 구하고, 버리기를 원하는 자에게 진정한 부와 강렬한 힘이 생기기 때문이다.

277
"모든 지어진 것은 덧없는 것이다."
이렇게 지혜로써 깨달은 사람은,
괴로움을 진실로 느끼지 않아
일마다 그 자취를 깨끗이 한다.

一切行無常　如慧所觀察
若能覺此苦　行道淨其跡

아침에 친한 동무가 저녁에 떠나고,
밤에 사랑하던 애인이 아침에 돌아서고,
부모를 잃은 슬픈 눈물이 채 마르기도 전에 형제를 잃는
덧없고 거짓된 이 인생에,
진실을 찾고 항구(恒久)를 바라는 이 마음은 어디서 올까?

278

"모든 지어진 것은 괴로움이다."
이렇게 지혜로써 깨달은 사람은,
괴로움을 진실로 느끼지 않아
일마다 그 자취를 깨끗이 한다.

一切衆行苦　如慧之所見
若能覺此苦　行道淨其跡

인간이 이 세상에 수생(受生)한다는 것은 곧 '수난(受難)'한다는 것이 아닌가? 그러나 인간이 살기 위해서는 먼저 그 전제를 크게 긍정하지 않을 수 없다.
그러므로 인간의 가치는 그 난(難:生)을 대하는 태도 여하에 따라 결정되는 것이요, 또 그 난의 수수께끼는 일생을 걸어 몸소 해결하는 외에 아무런 의미도 내용도 가지지 못한다.
생의 고난, 생의 광영(光榮)!

279

"모든 지어진 것은 실체가 없다."
이렇게 지혜로써 깨달은 사람은,
괴로움을 진실로 느끼지 않아
일마다 그 자취를 깨끗이 한다.

一切行無我　如慧之所見
若能覺此苦　行道淨其跡

우주에 절대적 단일인 실체는 존재할 수 없다.
그것은 지소(至小)한 실체의 변명(變名)이요, 그 단일 속에는 무수한 사물이 존재한다.
절대적 단일에는 존재의 형식이 있을 수 없고, 형식 없는 실체는 있을 수 없기 때문이다.

280
떨쳐 일어날 때에 일어나지 않고
젊음을 믿어 힘쓰지 않으며,
마음이 약하고 인형처럼 게으르면,
그는 언제나 어둠 속을 헤매리.

應起而不起　恃力不精懃
自陷人形卑　懈怠不解慧

청춘은 두 번 올 수 없고
하루에 두 새벽이 없나니,
젊어 지금에 부디 힘써라.
세월은 나를 기다리지 않나니.
　　　　　　　　－ 주희

281

말을 삼가고, 뜻을 지키고
몸으로 악한 행실 행하지 않고……
이 세 가지 업을 깨끗이 하면,
도를 얻는다고 부처님 말씀하셨다.

愼言守意念 身不善不行
如是三行除 佛說是得道

우선 돼지 되어 정직을 배우고, 그것을 실행할 힘을 기르고,
그 다음으로 그것들의 고상화·미화를 위하여 신적인 애(愛)의 인간이
되어야 할 것이다.

282

생각이 온전하면 지혜 생기고
생각이 흩어지면 지혜 잃나니,
이 두 갈래 길을 밝게 알아서
지혜를 따르면 도를 이룬다.

念應念則正 念不應則邪
慧而不起邪 思正道乃成

지혜의 무한을 망각한 우리는 실없이 지둔(遲鈍)한 우리 인식의 한계에

목책을 둘러, 그것을 상식이라 하여 상찬(賞讚)하고 있다.
우리의 안광을 진직(眞直)히 우리의 심내(心內)에 응주(凝注)할 때, 거기에는 무한한 여백의 계역(界域)이 처녀지 그대로 남아 있지 않은가? 그곳을 여행하자, 탐험하자.
무량의 국토, 무량의 불(佛).

283

나무(사랑)를 쳐라. 치기를 쉬지 말라.
나무는 모든 악을 나게 하나니,
나무를 베어 뿌리까지 다하면
비구들이여, 너희는 해탈하리라.

伐樹勿休　樹生諸惡　斷樹盡株　比丘滅度

고를 피하고 낙을 찾는 것이 인간의 본성이 아니다. 낙을 피하고 고를 찾는 것이 인간의 본질이다.
우울, 얼마나 달콤한 유혹인가? 비애, 얼마나 아름다운 애착인고?
아아, 얼마나 뿌리 깊은 인간의 감상성인고?

284

조금이라도 사랑이 남아 있어
그것이 가슴속에 잠겨 있는 동안은,

언제고 마음은 거기에 끌리나니,
어미 젖을 찾는 송아지처럼.

夫不伐樹　少多餘親　心繫於此　如犢求母

인간의 수적(獸的) 실체, 그것은 인간에게 유일한 자본이다.
우리의 초극 사상을 위한, 불사의 신앙을 위한, 또는 그 신앙의 실현을 위한……
그리하여 그것은 우리의 보조의 촉진을 위하여, 갖가지 고통을 가진 것이다.

285
가을 연못에 연꽃을 꺾듯,
자기를 위하는 집착을 버려라.
자취를 없애고 가르침을 따르라.
부처님은 열반을 설하셨나니.

當自斷戀　如秋池蓮　息跡受敎　佛說泥洹

여자의 미가 어디 있느냐? 제왕의 영예가 어디 있느냐?
그것은 우리의 탐욕의 과장, 우리의 미망의 요구가 부여한 허상에 불과하다.

286

'여름에는 내 여기서 살 것이다.
겨울에는 내 여기서 살 것이다.'
어리석은 사람은 이렇게 생각하며
죽음의 이름을 깨닫지 못하는구나.

暑當止此　寒當止此　愚多務慮　莫知來變

새까만 망각의 바다에 영원히 어두워진 우리의 많은 꿈!
그의 영원한 이별을 생각할 때,
당신은 눈물 없이 바라볼 수 있습니까?

287

아내와 자식의 집착에 빠져
먼 앞길을 생각하지 못하면,
죽음은 갑자기 이르나니,
잠든 마을 홍수가 쓸어 가듯.

人營妻子　不觀病法　死命卒至　如水湍驟

하나를 얻기 위해서는 모든 것을 버리지 않으면 안 된다.
출가란, 몸의 출가보다 마음의 출가에 그 본의가 있다. 부모·형제·자매와 주택·전야(田野)·집물(什物)을 버리는 동시에 은애(恩愛)와 전통과 사상을 버리는 것이다.
그러므로 그것은 일체 방기(放棄)의 시련인 동시에 일체 방기의 완성이요, 해탈의 출발인 동시에 해탈의 종국이다.

288

자식도 믿을 것 없느니라.
부모·형제도 믿을 것 없느니라.
죽음에 다다라 숨 지울 때에
나를 구원할 친한 이 없느니라.

非有子恃　亦非父母　爲死所迫　無親可怙

죽음에 정이 있다면,
슬픔이 있고 눈물이 있다면,
삼대 독자를 그의 부모 앞서 데려가지 않을 것이다.

289

지혜 있는 사람이면 이 뜻을 알아,
삼가 몸을 닦아 계를 지키고
부지런히 힘써 세상일 떠나,
열반으로 가는 길 깨끗이 하라.

慧解是意　可修經戒　勤行度世　一切除苦

모든 것을 바라다 잃고 모든 것을 믿다가 저버림을 받을 때, 최후로 갈 곳은 나 자신이었다.
그러나 자기 자신에게조차 저버림을 받을 때, 내 갈 곳은 어디일까?
……나무아미타불, 나무아미타불…….

21. 광연품(廣衍品)

 부처님이 '나열'성(城) 죽원(竹園)에 계실 때에, '기성약' 왕은 부처님과 다른 비구들을 청하면서 '반특' 한 사람만을 빼놓았다. 부처님은 모든 비구를 데리고 거기 가서 앉으셨다. 기성은 일어나 청정수(淸淨水)를 돌렸다. 부처님은 반특을 빼놓았기 때문에 그것을 받지 않으셨다. 기성은 사람을 보내어 반특을 불렀다. 반특은 이내 왔다. 기성은 그 신통력을 보고 성현을 업신여긴 것을 스스로 뉘우쳤다. 그래서 반특을 특별히 공경하고 다른 비구들에게는 예사로 대접했다.
 그 때에 부처님이 말씀하셨다.
 "옛날, 마장(馬將)이 있었는데 말 천 마리를 몰고 다른 나라로 가서 팔려고 했다. 도중에 한 말이 새끼를 낳았다. 마장은 그 새끼를 남에게 주고 다른 나라로 가서 그 국왕을 뵈었다. 왕은 말했다. '이것은 다 보통 말로서 살 만한 것이 못 된다. 이 중에 말 한 마리가 있는데, 그 슬피 우는 소리를 들으니, 반드시 준구(駿駒)를 낳았을 것이다. 만일 그 망아지를 살 수 있다면 나머지 말을 모두 사겠다.' 마장은 곧 달려가 말 한 마리를 주고 그 망아지를 사고자 했으나 그는 듣지 않았다. 그래서 말 오백 마리를 주고 겨우 그 망아지를 얻었다."

부처님은 이어 말씀하셨다.

"이 마장은 처음에는 그 망아지를 업신여겨 이것을 남에게 주었다가 나중에는 오백 마리 말을 주고 이 망아지를 물러 받았다. 아까는 반특을 박대하다가 지금은 도리어 그만을 존경하여 다른 오백 비구를 업신여기니, 너 또한 저 마장과 같구나."

— 출요경, 화품

290

조그만 즐거움을 버림으로써
큰 갚음을 얻을 수 있다면,
어진 이는 그 큰 즐거움을 바라보고
조그만 즐거움을 즐거이 버린다.

施安雖小 其報彌大 慧從小施 受見景福

큰 쾌락 때문에 보다 작은 불쾌가 말살된다는 것은 필연의 사실일 것이다.
아니, 말살된다기보다 보다 큰 쾌락을 보다 크게 하는 세력이 될 것이다.
예수의 십자가 위의 육체적 불쾌는 정신적 쾌락을 보다 크게 한 예이다.

291

남에게 수고와 괴로움을 끼쳐
거기서 내 공을 얻으려 하면,
그 재앙은 내게로 돌아와
원망과 미움이 끝없을 것이다.

施勞於人　而欲望祐　殃咎歸身　自遘廣怨

내 가슴속에 어떤 알 수 없는 하나의 힘이 움직이고 있음을 느낀다.
비록 세상이 괴롭고, 어둡고, 귀찮고, 생존 경쟁이 심하다 하더라도, 내게 생명이 있는 한 그 힘은 내 속에서 움직이고 있을 것이다.
그것은 선으로 향하려는 내 양심 - 숙명과 인과를 박차고, 오직 우주의 선도와 중생의 제도를 위하여 전진하려는 용기 있는 자비이다.
그러나 이 자비는 결국 '미타' 본원(本願)의 원천에서 솟아난다.

292

마땅히 할 일을 함부로 하고
해서는 안 될 일을 즐거이 해서,
마음에 맡겨 방일할 때는
나쁜 버릇은 날로 자라나리니.

已爲多事　非事亦造　伎樂放逸　惡習日增

악이 악임을 모름이 아니다.
선이 선임을 모름이 아니다.
알면서 행하는 것이요,
알면서 행하지 않는 것이다.
마음의 더러움은 더해 간다.

293

마땅히 행할 일 힘써 행하고
마땅히 버릴 일 힘써 버려서,
스스로 깨달아 내 몸을 닦으면
바른 지혜는 날로 자라나리니.

精進惟行　習是捨非　修身自覺　是爲正習

악이 악임을 알거든 행하지 말라.
선이 선임을 알거든 행하라.
마음의 더러움은 없어져 간다.

294

아비와 어미[1]의 인연을 끊고
두 임금[2]과 수행(隨行)[3]을 죽이고
온 나라[4]를 쳐부수고,

바라문은 마음의 더러움 없나니…….

1) 거만과 사랑의 비유
2) 단견(斷見)과 상견(常見)의 비유
3) 기뻐함과 탐냄의 비유
4) 십이처(十二處)의 비유

除其父母緣　王家及二種
遍滅至境土　無垢爲梵志

향락이란, 자기 스스로 그물을 뒤집어쓰는 것이다.
지도 모르는 동안에 손발이 자유롭지 못할 때,
비로소 사람은 놀라는 것이다.

295

아비와 어미의 인연을 끊고
거룩한 두 임금의 신하를 거느려,
모든 진영(五蓋)의 군사를 죽이고,
바라문은 마음의 더러움 없나니…….

學先斷母　率君二臣　廢諸營從　是上道人

우리의 생명은 자유를 요구한다.
그러므로 그 생명의 요구에 부합하고, 그 목적의 성취에 도움이 되는 생활이 가치 있는 생활이다.

가치 있는 생활이란 결국 유쾌하고, 편적(便適)하고, 재미있는 생활이다. 이 모든 요소는 자유를 같이하거나, 적어도 자유에의 지향에 계합(契合)할 때에만 일어나는 기분이다.

모름지기 먼저 자타의 대립을 공화(空化)시켜라. 보다 먼저 자아를 공화시켜라.

296

언제나 깨어 있어 잘 깨닫는
그는 '구담(석가모니의 성)' 부처님의 제자다.
낮이나 밤이나 부처님을 생각하고
한마음으로 부처님께 예배한다.

能知自覺者　是瞿曇弟子
晝夜當念是　一心歸命佛

진리의 파지자(把持者), 곧 생명의 완성자에게는 생이나 사가 다 같은 생의 실현이다.

그 사는 보다 아름답고 빛나는 시간일 것이다.

그러나 우리는 그 때가 언제임을 모르매 항상 불(佛)·신(神)을 함께하여야 한다. 불·신을 떠나 따로 진리가 없기 때문이다.

297

언제나 깨어 있어 잘 깨닫는
그는 구담 부처님의 제자다.
낮이나 밤이나 법을 생각하고
한마음으로 법에게 예배한다.

善覺自覺者　是瞿曇弟子
晝夜當念是　一心念於法

"나를 버리고 오직 불(佛)을 따르라."는 부처님의 말씀이나, "구하라. 주실 것이다."라는 예수의 밀씀이 어찌 우리에게 속임이 있으랴.
"나를 버려라." "이웃을 사랑하라." 하실 때, 우리는 그 결과를 생각하거나, 더구나 그 결과의 허실을 의심할 것이 아니다.
요구의 출발의 근원이 인위적이 아니요, 우리에게 이미 비치되어 있는 부사의(不思議)한 생래적 충동이매, 어찌 그 감응의 실재(實在)에만 생명의 신비가 결여되어 있을 것인가?

298

언제나 깨어 있어 잘 깨닫는
그는 구담 부처님의 제자다.
낮이나 밤이나 중을 생각하고
한마음으로 중에게 예배한다.

善覺自覺者　是瞿曇弟子
晝夜當念是　一心念於衆

평화란 무엇인고? 싸움이 없는 평화만이 아니다. 싸움 속의 평화를 이름이다.
싸움이 나쁜 것이 아니라, 사념(邪念)의 싸움이 나쁘기 때문이다.
서(恕)란 무엇인고? 따짐이 없는 서만이 아니다. 따짐 속의 서를 이른다.
따짐이 나쁜 것이 아니라, 회구(懷仇)의 따짐이 나쁘기 때문이다.

299
언제나 깨어 있어 잘 깨닫는
그는 구담 부처님의 제자다.
낮이나 밤이나 몸을 생각하고
한마음으로 몸을 지킨다.

爲佛弟子　常寤自覺　日暮思禪　樂觀一心

나는 어디까지나 나 자신만은 믿어야 한다.
나 자신이 비록 추하고, 악하고, 더럽고, 못났더라도 그런 그대로 믿어야 한다.
항상 나는 나 자신의 무능을 발견하고 슬퍼한다.
그러나 슬퍼하는 그것이 하나의 유능이요, 보람이 아니면 안 될 것이다.

300

언제나 깨어 있어 잘 깨닫는
그는 구담 부처님의 제자다.
낮이나 밤이나 자비를 생각하고
한마음으로 자비를 즐긴다.

爲佛弟子 常寤自覺 日暮慈悲 樂觀一心

비록 밖으로 책(責)과 싸움이 없으나 마음에 증오 있으면 복수하는 싸움이 되는 것이요,
비록 겉으로 매질이 있으니 미음에 자비 있으면 그것은 아름다운 시(恕)요, 평화이다.
모든 것이 미화되고, 정화되고, 성화(聖化)되는 무아의 경(境)!

301

언제나 깨어 있어 잘 깨닫는
그는 구담 부처님의 제자다.
낮이나 밤이나 선정(禪定)을 생각하고
한마음으로 선정을 즐긴다.

爲佛弟子 常寤自覺 日暮思禪 樂觀一心

'나'를 세우는 곳이면 우주도 굴속처럼 좁고 괴롭고, '나'를 비우는 곳이

면 한 칸 협실도 하늘처럼 넓고 시원하다.
'나'를 비움이란, '나'를 죽임이 아니라 '나'에의 집착을 여의는 것이다.
'나'에의 집착을 여의는 곳에 그 말은 바르고, 그 행은 자유롭고, 그 마음은 고요한 행복, 무위의 열락에 잠긴다.

302

출가하기는 어려운 일이다.
집에 살기는 괴로운 일이다.
함께 살아 이익을 같이하기 어렵고
가난의 괴로움 속에 살기도 어렵다.
어찌 아니 스스로 힘쓸 것이냐?
비구들 나가 동냥도 어렵나니.
어쨌든 도를 따라 한 길로 나아가자.
그 속에는 의식이 스스로 있느니라.

學難捨罪難　居在家亦難
會止同利難　艱難無過有
比丘乞求難　何可不自勉
精進得自然　後無欲於人

인간은 누구나 각각 그 자기가 되기 위해서는 히말라야 산정에 혼자 서 있는 돌바위와 같은 고독을 맛보지 않으면 안 되고, 또 그것을 견디지 않으면 안 된다.

그러나 그 고독은 은둔의 고독이 아니요, 중인의 한복판, 원수들의 속에 들어 투쟁하면서 견디어 가는 고독이다.
이 고독은 잔인하나 광영이다. 그것은 최초의 시련자에게 주어진 시련이요, 불(佛)·신(神)의 축복이 그 머리 위에 있기 때문이다.

303

믿음 있으면 계 절로 이뤄지고
계를 따르면 이름이 높아진다.
이름을 좇아 어진 벗 많으리니
가는 곳 어디서나 공양 받는다.

有信則戒成　從戒多致寶
亦從得諸偶　在所見供養

실상인즉 우리는 얻지 못하였기에 믿지 않은 것이 아니다.
믿지 않았기에 구하지 않은 것이요,
구하지 않았기에 얻지 못한 것이다.

304

멀리 있어도 높은 산의 눈처럼,
도를 가까이하면 이름이 나타나고,
가까이 있어도 밤에 쏜 화살처럼,

도를 멀리하면 나타나지 않나니.

近道名顯　如高山雪　遠道闇昧　如夜發箭

"아름다운 복숭아꽃은 사람을 부르지 않지만 그 밑에 절로 길이 난다."
천만 리를 떨어져 있어도 따스한 정과 통하는 숨길이 느껴지는 사람이 있다.
한자리에 마주 앉아 말을 주고받고 사귀어도, 이방인처럼 느껴지는 사람이 있다.

305
한 번 앉기나, 한 번 눕기나
한 번 행동에 방일이 없이,
오직 하나를 지켜 몸을 바루면,
거리도 숲 속인 듯 마음 즐겁다.

一坐一處臥　一行無放恣
守一以正身　心樂居樹間

깊은 산 속에 남몰래 피어 있는 꽃 한 떨기,
대지에 마음껏 뿌리를 박은 이 꽃 한 떨기,
기름진 봄 하늘에서 흘러내리는 햇볕을 마음껏 받는 이 꽃 한 떨기,
파름한 산들바람을 마음껏 마시는 이 꽃 한 떨기,

밤이면 작은 별 큰 별 마음껏 따먹고, 송풍(松風)·나월(蘿月)을 마음껏 즐기고, 맑은 이슬에 마음껏 젖는 이 꽃 한 떨기,
그리고 혼자 고독 속에서, 고독의 광영(光榮)과 힘과 미를 배우는 이 꽃 한 떨기……
나는 이 꽃이 부끄럽다. 이 꽃을 배우자.

22. 지옥품(地獄品)

 옛날, 사위국에 '부란가섭'이라는 바라문 스승이 있었다. 임금이나 백성은 모두 그를 받들어 섬겼다. 부처님이 도를 이루어 나열성에서 사위국으로 가시자 국왕이나 백성은 모두 받들어 공경했다. 부란가섭은 이를 질투해서 부처님을 비방하고 혼자 존경을 받고자, 곧 바사닉을 뵙고 말했다.

 "우리 장로는 선배로서 곧 이 나라의 옛 스승입니다. 그런데 저 중 구담이 뒤에 나와 도를 구해 스스로 부처라 일컫는 것을, 대왕은 나를 버리고 오로지 그를 받들어 섬기십니다. 이제 나는 그와 도덕을 겨루어 그 승부를 결정할 것이니, 왕은 종신토록 승자를 받드소서."

 왕은 좋다고 대답했다.

 이레 뒤에 성 동쪽의 평지에서 신화(神化)를 시험했다. 그러나 부란은 형편없이 졌다. 부란은 강가로 달려가 여러 제자를 속여서 외쳤다.

 "내 이제 물에 몸을 던지면 반드시 범천(梵天)에 날 것이다. 만일 내가 돌아오지 않거든 곧 거기 가서 복을 누리는 줄 알라."

 제자들은 기다려도 그가 돌아오지 않자, 천상에 간 줄 알고 모두 강물에 몸을 던져 스승의 뒤를 따랐다. 그러나 그들은 죄에 끌려 모두 지옥에 떨어졌다.

- 법구비유경, 지옥품

306

거짓을 말하면 지옥에 떨어진다.
거짓말을 하고도 하지 않았다 하면
두 겹의 죄를 함께 받나니,
제 몸을 끌고 지옥에 떨어진다.

妄語地獄近　作之言不作
二罪後俱受　自作自牽往

행(行)으로 자기를 보이는 수도 있고, 말로 자기를 알리는 수도 있고, 그 눈동자로 자기를 말하는 수도 있다.
그러나 우리는 그 어느 것이라도 믿어야 한다. 한 사람뿐이 아니라, 누구라도 믿어야 한다.
의심은 자기를 더럽힐 뿐 아니라, 믿어서 속는 것은 의심해서 초조해 하는 것보다 얼마나 유쾌하고 죄 없는 것인가!

307

어깨에 비록 '가사'를 걸쳤어도

악을 행해 스스로 억제하지 못하면,
그는 진실로 악행에 빠진 사람.
목숨을 마쳐 지옥에 떨어져라.

法衣在其身　爲惡不自禁
苟沒惡行者　終則墮地獄

흔히 원인의 반대로 결과가 나타나는 수가 있다.
절실한 자기 보존의 욕망에서 자살이 생기고, 철저한 행복 추구에서 염세가 생기고, 강렬한 사랑의 독점욕에서 질투가 생긴다.
고왕 금래(古往今來), 많은 둔세자(遁世者) 속에서 우리는 얼마나 많은 착세자(着世者)를 발견하는가? 모든 종교의 교조(敎祖)처럼 큰 욕심의 소유자는 없다.

308
차라리 불에 구운 돌을 먹거나
불에 녹은 구리쇠를 마실지언정,
계를 부수고 절제가 없이
남의 보시를 받아 쓰지 말라.

寧啖燒石　呑飮鎔銅　不以無戒　食人信施

많은 사람이 그림자 속에 살고 있음을 우리는 본다. 자기 행위의 그림자가 자기 자신을 숨기고 있음을.
그리하여 자기가 자기의 그림자를 끌기보다 자기의 그림자에 보다 많이 끌리고 있음을.
언제나 자기 자신은 자기 자신과 너무 유리된 행위의 그늘 속에 허덕이고 있음을!

309

남의 아내를 즐겨 범하면
거기에 네 가지 갚음이 있나니
남의 비방과, 뒤숭숭한 꿈,
복리가 없고, 지옥에 떨어진다.

放逸有四事　好犯他人婦
臥險非福利　毀三淫洪四

"차라리 남근을 독사의 입에 넣을지언정, 가져다 여근의 속에 넣지 말라." -「사분율」

310

다시 그는 세상의 나쁜 이름과,
둘이 함께 두려워 즐거움 적고,
법에서는 무거운 벌을 내리며

목숨이 마치면 지옥에 들어간다.

不福利墮惡　畏而畏樂寡
王法重罰加　身死入地獄

여자를 여자로, 꿈으로 창조하는 것은 남자의 정욕이다.

311
그것은 마치 띠풀을 뽑을 때
늦추어 잡으면 손을 베이듯,
계를 배우고도 단속하지 않으면
사람을 지옥으로 이끌어 넣는다.

譬如拔菅草　執緩則傷手
學戒不禁制　獄錄乃自賊

얼음같이 살자. 그렇지 않으면 불같이 살자.
온 세상을 미워할 수 있으면,
아니면 모두 사랑할 수 있으면…….
이도 저도 아닌 곳에 번뇌의 구더기가 끓는다.

312

해야 할 일을 게을리하고
지켜야 할 계를 함부로 부수며,
깨끗한 행실에 흠이 있으면
마침내 큰 복을 받지 못한다.

人行爲慢惰　不能除衆勞
梵行有玷缺　終不受大福

인고는 위대한 것이다. 터질 듯한 가슴을 누르고, 치밀어오르는 혈조(血嘲)를 씹으며, 그러나 남에게는 그런 빛 없이 태연히 시내는 사약(自若) - 세상에 이 이상 더 어려운 일이 있을까?
인고의 부대는 견디면 견딜수록 그 끈은 강인해지나니, 하고 싶은 말 안 하고, 하고 싶은 일 안 하는 궁굴(窮屈).
그 인내, 그 단련 속에서 비로소 미력(微力)한 자기가 빛을 내기 시작하는 것이다.

313

마땅히 할 일은 행하라.
스스로 믿어서 씩씩하게 행하라.
어리석고 덤비는 외도(外道)를 떠나서
티끌을 날리기를 배우지 말라.

常行所當行　自持必令强
遠離諸外道　莫習爲塵垢

내가 동경하는 이상적 생활이 있지 않은가? 그러면서 왜 실행하지 못하는가?
나의 내기(內氣)와 무력, 우유(優柔)와 고식(姑息), 더구나 나의 기약(氣弱)은, 하나의 불운으로써 다(多)의 행운까지 희생시키고 있다.
"우리는 우리 생활의 가장 아름다운 날을 계획에 허비한다." – 볼테르
그러나 나는 나의 그것을 다만 무위의 동경에만 허비하고 만다.

314
해서 안 될 일은 행하지 말라.
한 뒤에는 번민이 있나니,
해야 할 일은 항상 행하라.
가는 곳마다 뉘우침 없다.

爲所不當爲　然後致鬱毒
行善常吉順　所適無悔悋

참자, 참자.
그리고 냉혹히 사는 의지를 가지자.
때로는 추상 같은 냉혹이 도리어 춘풍 같은 온정 이상으로 자타를 살리는 수가 있다.

315

변방의 성을 지키듯,
안팎을 함께 굳건히 지키듯,
스스로 그 마음 지키어
악한 마음 생기게 하지 말라.
마음에 조금만 틈이 있으면
근심이 엿보아 괴리라.

如備邊城　中外牢固　自守其心
非法不生　行缺致憂　令墮地獄

문득 거울에 비친 내 얼굴 자세히 살펴보다 새로 발견한 내 얼굴!
자개(自個)와 세계의 참치(參差)에 울고 성내고, '의무'와 '미의 혼'의 투쟁 속에 시달리고, 역사(업보)와 창조(神)를 함께 원차(怨嗟)하고, 해서는 안 될 사랑에 남몰래 가슴을 짜고…….
요것이 '나'이던가!

316

부끄러워할 것을 부끄러워하지 않고
부끄러워하지 않을 것을 부끄러워하면,
살아 이승에서 그릇된 소견이요,
죽어 저승에서 지옥에 떨어진다.

可羞不羞　非羞反羞　生爲邪見　死墮地獄

인격의 멸시를 받으면서, 일에 대한 약간의 기능으로 승리를 가지는 수가 있다.
더욱이 그 승리를 과시하고 자득(自得)한다.
누가 구제하려나!

317

두려워할 것을 두려워하지 않고
두려워하지 않을 것을 두려워해서,
그릇된 소견을 믿어 나아가면
죽어 저승에서 지옥에 떨어진다.

可畏不畏　非畏反畏　信向邪見　死墮地獄

나의 무능은 때때로 훌륭한 덕목의 찬사를 가져온다.
완전히 투지를 상실하였으면서 교묘히 자기를 도호(塗糊)할 때는 '신사적'으로,
상대자의 죄악조차 매질하지 못하면서 스스로 덕화(德化)의 그늘에 숨으려는 때는 '인도적'으로,
함부로 양보함으로 말미암아 자기의 비굴과 남의 횡포를 증장(增長)·조성하면서 겸양의 미덕으로 자처할 때는 '초연'으로.
이리하여 나는 포용의 갓을 쓴 소담자(小膽者),
아량의 신을 신은 비겁자!

318

피해야 할 것을 피하지 않고
나아가야 할 것에 나아가지 않아서,
그릇된 소견을 즐겨 익히면
죽어 저승에서 지옥에 떨어진다.

可避不避　可就不就　翫習邪見　死墮地獄

일기에서조차 우리는 적나라한 고백을 기피하지 않으면 안 될까?
사람은 다 같은 사람이매 남이 두려울 것 없고, 자기가 부끄럽다면 문사의 유무에 무슨 상관이랴!
먼저 자기 폭로의 용기를 배우자. 그것이 위선의 습관화를 미연에 방지하는 방법이다.

319

가까이할 것을 가까이하고
멀리할 것을 멀리해서,
언제나 바른 소견 가지면
죽어 저승에서 선도(善道)에 날 것이다.

可近則近　可遠則遠　恒守正見　死墮善道

어쨌든 수치를 잃은 여성은 탈선한 기차보다 무섭고 횡포하다.

23. 상유품(象喩品)

부처님이 사위국에 계실 때 어떤 장로가 와서 부처님을 뵈었다. 부처님은 앉으라 하시고 성명을 물으셨다. 그는 꿇어앉아 말했다.

"자(字)는 '가제담'이옵고, 선왕(先王) 때에 왕을 위해 코끼리를 다루었습니다."

부처님이 코끼리 다루는 법을 물으시니, 그는 대답했다.

"항상 세 가지로 그 큰 코끼리를 다룹니다. 첫째는 굳센 자갈로 그 억센 입을 제어하고, 둘째는 먹이를 적게 주어 그 몸이 불어나는 것을 제어하고, 셋째는 채찍으로 그 마음을 항복받습니다. 이렇게 하면 그것은 훈련이 잘 되어, 왕이 타시거나 싸움에 나가거나 마음대로 부려져서 지장이 없습니다."

부처님은 말씀하셨다.

"나도 세 가지로 모든 사람을 다루고, 또 자신을 다루어 부처가 되었다. 첫째 지성으로 구업(口業)을 제어하고, 둘째 자정(慈貞)으로 몸의 억셈을 항복받고, 셋째 지혜로 마음의 어리석음을 멸한다."

곧 게송(322, 323, 324, 326, 327)을 설하시니, 장로는 이것을 듣고 한없이 기뻐하고 마음이 풀리어 곧 법안(法眼)을 얻었다.

― 법구비유경, 상유품

320

전장에 나가 싸우는 코끼리가
화살을 맞아도 참는 것처럼,
나도 세상의 헐뜯음을 참으며
항상 정성으로 남을 구하자.

我如象鬪　不恐中箭　常以誠信　度無戒人

내게 오는 화심(禍心)을 알면서도 전연 모르는 듯 친하게 사귀는 사술(詐術),
경모(輕侮)·멸시하면시 능히 멀리하지 못하는 고읍(苦泣),
이것이 거세(巨世)의 평상(平常)이라 생각하면 어(語)·묵(默)·동(動)·정(靜) — 실로 예사로운 일이 아니다.

321

잘 다루어 훈련된 코끼리는
나라님의 타시는 바 되는 것처럼,
욕(辱)을 참아 스스로 다루어진 사람,
사람 가운데 훌륭한 사람이다.

譬象調正　可中王乘　調爲尊人　乃受誠信

일면, 인간은 한 줄기 바람에 날리는 낙엽과 같다.

그러나 일면, 인간은 하늘에 빛나는 별과도 같으리라.
어떠한 바람도 날릴 수 없고, 어떠한 구름도 지울 수 없으리라.
신앙이란, 곧 별 같은 인간에 대한 확증의 체득이 아닌가!

322

잘 다루어진 노새도 좋고,
인더스에서 나는 말도 좋고,
큰 어금니를 가진 코끼리도 좋다.
자기를 잘 다루는 사람은 더욱 좋다.

雖爲常調　如彼新馳　亦最善象　不如自調

모두가 아닌 곳에 모두가 될 수 있다.
그러나 모두가 될 수 있는 곳에 하나도 될 수 없는 나 자신이 아닌가?
결국, 하나도 아닌 곳에 나의 번뇌가 있는 것이다.
아무것도 아닌 것은 원(圓)도 아니요, 중(中)도 아니다. 평평(平平)·범범(凡凡)의 비애, 추수자(追隨者)의 곤비(困憊)…….

323

노새로도, 말로도, 또 코끼리로도
사람이 가지 못한 곳(열반) 갈 수 없나니,
오직 잘 다루어진 자기를 탄 사람,

그 사람만이 거기를 갈 수 있다.

彼不能適　人所不至　唯自調者　能到調方

삶이란 나날의 향상, 때때의 창조, 찰나찰나의 새로움이어야 할 것이다. 이는 끊임없는 자기 의식, 자기 회수(回收)에서 오는 아름다운 꽃이리라. 그러나 사람이란 얼마나 자기 생명의 망각과 산일(散逸)과 무의식적 꿈 속에서, 생의 열과 시간을 허비하며, 또 반복과 답보와 정체에서 저미(低迷)하는가!

324

억세고 사나워 걷잡을 수 없는
저 '타마라카'라 불리는 코끼리도,
제가 사는 숲 속을 그리워하여
잡아매면 주는 밥도 먹지 않나니.

如象名財守　猛害難禁制
繫絆不與食　而猶暴逸象

저녁 자리에 들 때마다 하루 생활을 총결산해 본다.
참회도 있고 격려도 있다.
그러나 언제나 동일한 참회와 격려의 반복.
생활의 만성화다. 악연(愕然), 전율…….

325

모든 악행에 빠져 있는 사람은
항상 탐욕으로써 스스로 잡아매어,
살찐 돼지처럼 떠날 줄 몰라
몇 번이고 포태(胞胎)로 드나드나니.

沒在惡行者　恒以貪自繫
其象不知厭　故數入胞胎

아무리 생각해 보아도 인생은 너무나 고(苦)요, 피로요, 불행이다.
우리로 하여금 거기에서 어떤 흥미를 느끼고 생을 지속하여 가게 하는
것은 극히 일시적이요 부분적인, 사소한 사탕뿐이다.

326

즐기는 대로 욕심을 따라
이제껏 헤매어 다니던 마음,
내 이제 단단히 걷잡았나니,
갈고리로 코끼리를 억눌러 잡듯.

本意爲純行　及常行所安
悉捨降結使　如鉤制象調

눈으로 보는 견(見), 마음으로 보는 관(觀).

범부는 견의 가상(假相)에 끌려 번뇌하고, 성인은 관의 실상에 태연히 부동한다.
중생은 가상의 차별에 애증을 세우고, 불·신은 실상의 평등에 오로지 자비뿐이다.

327

도를 즐겨 방일하지 않으며
항상 스스로 마음을 잘 지켜,
어려운 곳(번뇌)에서 자기를 구제하라.
흙탕에서 나오는 코끼리처럼.

樂道不放逸　能常自護心
是爲拔身苦　如象出于坎

다만 오늘이 있을 뿐이다. 내일은 없다. '지금'의 생활 사실, 순간순간을 바르게 사는 '지금', '지금의 성(誠)' — 생의 참뜻은 실로 이것밖에 없다. 과거는 과거로 장사하라. 내일 일은 내일로 미뤄 두라. '지금의 성' — 오직 여기에서만 모든 것은 생명을 얻어 빛난다.
미래의 약속을 말하지 말라. 사의 배경을 그리지 말라. 생의 실현은 오직 '지금의 성'에 있다.

328

어질고 착하며 행동을 같이하고
바르고 굳센 동무 얻어 짝하면,
모든 어려움 무릅쓰고 나아가
마침내 편안하고 즐거울 것이다.

若得賢能伴　俱行行善悍
能伏諸所聞　至到不失意

우러를수록 더욱 높고, 팔수록 더욱 깊고, 친할수록 더욱 경외로운 곳에 진정 크고 아름다운 인격이 있다.

329

어질고 착하며 행동을 같이하고
바르고 굳센 동무 만나지 못하거든,
망한 나라를 버리는 임금처럼
차라리 혼자 가 악을 삼가라.

不得賢能伴　俱行行惡悍
廣斷王邑里　寧獨不爲惡

고독을 즐기는 자기 자신, 고독 속에 놓인 자기 자신을 돌아보고 문득 악연(愕然)하다.

고독을 즐기는 마음이란 대개 깨끗한 것, 바른 것이 아니면 더러운 것, 비뚤어진 것이다.
강한 자 아니면 약한 자요, 자기를 우는 자 아니면 남을 미워하는 자다.
염결(廉潔)과 청정을 표방하고 안일과 타태(惰怠) 속에 자기의 생활을 마비시키는 '나'······.

330
차라리 혼자서 선을 행하라.
어리석은 사람과 짝하지 말라.
놀란 코끼리 제 몸을 보호하듯,
차라리 혼자 있어 악을 짓지 말라.

寧獨行爲善　不與愚爲侶
獨而不爲惡　如象驚自護

자기에게 맞는 세계만을 추구하고, 또 거기에서만 생활하는 것은
자기를 봉쇄하고, 제한하고, 위축하고, 마지막에는 자살시키는 것이 아닌가?
자기를 세우는 곳에 세계는 지옥으로 화한다.

331
좋은 곳에 나는 것 기쁜 것이다.

친구는 이해(理解) 있어 기쁜 것이다.
복은 명이 다할 때 기쁜 것이다.
많은 죄 짓지 않아 기쁜 것이다.

生而有利安　伴軟和爲安
命盡爲福安　衆惡不犯安

잘살 때에는 친구가 많다.
어려울 때 친구가 참 친구니라.
늘그막의 복이 참 복이니라.
젊어 고생은 사서라도 한다느니…….

332
집에 어머니 있어 즐거움이다.
아버지 있어 또한 즐거움이다.
세상에 사문 있어 즐거움이다.
천하에 도가 있어 즐거움이다.

人家有母樂　有父斯亦樂
世有沙門樂　天下有道樂

하느님이 나를 창조하지 않았고, 하늘이 나를 내지 않았으매 나는 나의 탄생의 의의를 생각하고 싶지 않다.

자기의 미망의 업보로 생겨났고, 생겨났어도 복과 혜(慧)를 타고나지 못했으매 도리어 자기 자신이 밉고 또한 가엾다.

333
계를 가져 늙어서 즐거움이다.
믿음이 굳게 서서 즐거움이다.
지혜를 마음에 얻어 즐거움이다.
악을 범하지 않아 더욱 즐거움이다.

持戒終老安　信正所正善
智慧最安身　不犯惡最安

행복한 사람은 인간 이상의 존재와 그 기적적 위력을 믿지 않는다.
불행의 밑바닥에 빠진 사람이 신앙하는 인간 이외의 존재와 그 기적적 위력은 족히 신뢰할 수가 없다.
전자는 오만과 나태에서 마음이 어두웠고, 후자는 혼란과 시달림에서 정신이 어지러워졌기 때문이다.

24. 애욕품(愛欲品)

사위국에 큰 장자(長者)가 있었다. 12, 13세 되는 아들 하나를 남기고 부모가 모두 세상을 떠났다. 아들은 아직 나이 어려 살림을 살 줄 몰라, 몇 해 안 되어 살림을 파하고 거지가 되었다. 하루는 그 아버지의 친구 되는 장자(長者)가 이것을 보고, 그 사정을 자세히 들어 알고 불쌍히 여겨, 집으로 데리고 가서 돌보고 그 딸과 짝을 짓고 살림을 내어 살게 했다. 그러나 그는 사람됨이 게으르고 소견이 없어 도로 구차하게 되었다. 장자는 그 딸을 보아서 몇 번이나 살림을 차려 주었지만 끝내 살림이 되지 않았다.

장자는 드디어 그 딸을 데려와서 다른 곳으로 시집을 보내려고 친척들을 모아 의논했다. 그 딸이 몰래 이것을 엿듣고 남편에게 알려 대책을 꾀했다. 남편은 이 말을 듣고 부끄럽고도 분해, 몇 번이나 생각하다가 드디어 악한 마음을 내어, 아내를 칼로 찔러 죽이고 자기도 죽고 말았다. 장자는 걱정과 근심을 이기지 못해 식구를 거느리고 부처님에게 찾아왔다.

부처님은 말씀하셨다.

"탐욕과 성냄은 세상의 떳떳한 병이요, 어리석음과 무지는 재화의 문이다. 삼계(三界)·오도(五道)는 모두 이것으로 말미암아 생사의 바다에 빠져 헤매면서, 무한한 시간에 무한한 괴로움을 받으면서도 오히려 뉘우칠 줄을 모르는데, 하물며 어리석은 사람이 어떻게 이것을 알겠는가? 이 탐욕의 독은 몸을 망치고, 친족을 망치고 그 해는 중생에게 미친다. 어찌 부부에 그치겠는가?"

— 법구비유경, 애욕품

334
방탕한 마음이 음행(婬行)에 있으면
애욕의 넌출은 뻗고 자라나나니,
나무 열매를 찾는 원숭이처럼
이리저리로 미쳐 돌아다닌다.

心放在婬行　欲愛增枝條
分布生熾盛　超躍貪果猴

애정이 없는 결혼은 야합이다. 그러나 야합이 애정을 낳는 수도 있다.
애정의 합일적 완성은 결혼이다. 그러나 결혼이 곧 애정을 죽이는 수도 있다.
아무렇건 결국 전자는 야합이요, 후자는 결혼이다.

335
사납고 독한 애정의 욕심을

그대로 놓아 거기에 집착하면,
걱정·근심은 날로 자라나나니,
'비라나'풀의 넌출이 우거지듯.

以爲愛忍苦　貪欲著世間
憂患日夜長　筵如蔓草生

연애는 모든 남녀의 폭군이기도 하다.
그리하여 일시적 쾌락과 심각한 고뇌와 번민을 그 보수로 준다.

336
사납고 독한 애정의 욕심을
그대로 놓아 버리지 못하면,
걱정·근심은 날로 불어 가나니,
잔잔한 물방울이 못을 채우듯.

人爲恩愛惑　不能捨情欲
如是憂愛多　潺潺盈于池

연애란, 사랑을 그리는 것이다.
언제나 그것은 부자유에 의한 신비성에서 일어난다.
그러므로 양성간의 신비성(성욕과 인격에 대한)이 소실될 때는, 연애라는 꽃도 지고 만다.

337

도에 뜻을 두어 행하는 사람은
아예 애욕을 일으키지 말라.
먼저 애욕의 근본을 끊어
그 뿌리를 심지 말고,
저 갈대를 베는 듯이 하여
다시 마음을 나게 하지 말라.

爲道行者　不與欲會　先誅愛本
無所植根　勿如刈葦　令心復生

남자의 손을 기다리는 여자의 소극성이,
엄숙하게 보이는 때가 있다.

338

비록 나무를 베어 내도
뿌리가 있으면 다시 싹 나듯,
애욕을 뿌리째 뽑지 않으면
살아나는 괴롬을 다시 받으리.

如樹根深固　雖截猶復生
愛意不盡除　輒當還受苦

여성의 절대적인 애정,
그것은 천사같이 아름다운, 영원한 여성의 영광이다.
동시에 영원한 약점의 비극의 운명이다.

339

마음속에 36*의 흐린 물결이
굳세게 흘러 쉬지 않으면,
탐애(貪愛)에서 나오는 분별의 물결은
그 사람을 마침내 휩쓸 것이다.

* 6경(境)에 대한 6애(愛)를 욕(欲)·유(有)·무유(無有)의 3에 승해서 18로 하고, 이것을 안팎 분별의 2로 해서 36이 된다.

三十六使流　幷及心意漏
數數有邪見　依於欲想結

인생은 항상 향수에 젖어 있다. 나그네이기 때문이다. 왜 나그네가 되었던가? 고향이 불만이었기 때문이다.
그러면 왜 불만인 고향을 다시 그리는가? 나그네 신세가 고달프기 때문이다.
고향에서 유랑으로, 유랑에서 고향으로…….
인생이란, 영원한 고달픔과 동경에서 허덕이는 유랑군(流浪群)인가?

340

뜻의 흐름은 물처럼 붇고
애욕의 얽힘은 넌출처럼 자라나니,
만일 이것을 보아 알거든
지혜로써 그 뿌리를 끊어라.

一切意流衍　愛結如葛藤
唯慧分別見　能斷意根原

사랑은 성급한 것이다.

341

사랑의 즐거움에 맡겨 따르면
애욕의 수렁창은 깊어만 가나니,
거기에 빠져 헤어날 길이 없이
생사의 수레바퀴 돌고 돌아라.

夫從愛潤澤　思想爲滋蔓
愛欲深無底　老死是用增

성애(性愛)와 환경과 조건을 공제한 나머지 부부애란 얼마나 될까?

342

애욕에 휘감겨 달리는 중생은
그물에 걸린 토끼와 같다.
번뇌와 집착에 꽁꽁 묶이어
얼마나 많은 생의 괴로움을 받는가!

衆生愛纏裏　猶兎在於罝
爲結使所纏　數數受苦惱

보이기 위하여 숨기는 경우가 있다.
숨기기 위하여 보이는 경우가 있다.
우리에게서 도망하면서 우리를 정복하고, 우리를 피하면서 우리를 포로로 하는 여성이 있는 것처럼.

343

애욕에 휘감겨 달리는 중생은
그물에 걸린 토끼와 같다.
비구 만일 사랑을 떠나면
욕심이 다해 열반으로 돌아가리.

若能滅彼愛　三有無復愛
比丘已離愛　寂滅歸泥洹

여자를 미워하는
그는 실로 남 이상으로 여자를 사랑하는 자다.

344
세속을 떠나 숲 속으로 들어갔다
숲을 나와 다시 속세로 들어가면,
보라, 이 사람은 애욕을 벗어났다가
다시 속박을 찾아 나아가는 것이니라.

非園脫於園　脫園復就園
當復觀此人　脫縛復就縛

인생에서 지선(至善)·지미(至美)이어야 할 것이, 못 견딜 비참으로 보이는 때가 있다.
조소에 가까운 적막 – 열정이 식었기 때문인가?
오늘, 첫겨울 황혼 거리 안갯발 속에서 애인을 기다리는 소녀를 보았다.

345
죄인을 묶는 고랑쇠나 자물쇠도
어진 이는 단단하다 생각하지 않나니,
보물이나, 아내나, 자식에 대해
집착하는 사랑은 그에게 더하니라.

雖獄有鉤鎖　慧人不爲牢
愚見妻子息　染著愛甚牢

여자는 언제나 부자유한 것이 그의 운명이다.
여자는 자기의 신비를 유지하기 위하여 언제나 자기를 숨기고, 몸을 싸고, 얼굴을 가리기에 여념이 없기 때문이다.

346
깊고 단단하고 치근치근해
나오기 어려운 애욕의 감옥.
지혜롭고 어진 이는 이것을 알아
욕을 끊고 두루 놀아 항상 편하다.

慧說愛爲獄　深固難得出
是故當斷棄　不視欲能安

물망초.
잊지 말라고, 잊지 말라고
엷은 자색 어여삐 핀 꽃이,
피었다 졌습니다.
지나가면 잊는 것을…….

347

애욕의 즐거움으로 제 몸을 싸는 것은
고치를 짓는 누에와 같다.
지혜롭고 어진 이는 이것을 알아
욕을 끊고 두루 놀아 괴로움 없다.

以婬樂自裹　譬如蠶作繭
智者能斷棄　不盼除衆苦

우리의 자유는 언제나 이중의 관문을 통하지 않으면 안 된다.
첫째는 정욕과 유혹의 관문,
둘째는 무상명령(無上命令)의 관문이다.

348

과거도 버려라, 미래도 버려라.
현재의 이 내 몸 생각도 말라.
마음에 걸리는 모든 것을 버리면
생사의 괴로움을 받지 않나니.

捨前捨後　捨間越有　一切盡捨　不受生死

내가 젊었을 때 인생은 양양한 바다였다. 수평선은 무한한 동경과 약속을 가지고 내 눈썹 끝에 떠올랐다.

그러나 때로 그 바다가 균열이 조각조각 난 광야로밖에 보이지 않은 것은 무슨 까닭이었던가?
그것은 여성미의 매력 – 영겁의 되풀이 – 에 대해 숙고한 나머지에 있었다.

349

마음이 어지러워 즐거움만 찾으면
음욕을 보고 깨끗다 생각하여,
욕정은 날로 자라고 더하나니,
스스로 제 몸의 감옥을 만든다.

心念放逸者　見婬以爲淨
恩愛意盛增　從是造獄牢

연애에도 천재가 필요한가?
연애를 양심적으로 할 수 있는 사람, 양심을 가지고 연애를 하는 사람은 가장 행복한 사람일 것이다.

350

항상 깨어 있어 깊이 생각해
음욕의 깨끗하지 못함을 알면,
악마의 감옥을 이내 벗어나

생사의 번뇌를 받지 않나니.

覺意滅婬者　常念欲不淨
從是出邪獄　能斷老死患

여자의 신비를 추구한다는 것은
결국, 하나의 냄새 나는 살덩이를 발견하는 것이다.

351
애욕을 떠나 두려움 없고
마음속에 걱정이나 근심 없으며,
번뇌의 속박을 풀어 버리면
생사의 바다를 길이 떠나리.

無欲無有畏　恬淡無憂患
欲除使結解　是爲長出淵

생의 밑바닥을 깊이 파고들어 그 진상을 이해하고 파악한다는 것은, 결국 '비극을 사랑한다'는 것이 아닌가?

352
모든 일의 깊은 뜻을 깨달아 알아

애욕을 떠나 집착이 없고,
생사의 이 세상의 마지막 몸,
그야말로 큰 지혜로운 선비다.

盡道除獄縛　一切此彼解
已得度邊行　是爲大智士

(이를테면 밤벚꽃의 '창경원' 같은 곳)
당신은 한 자리를 잡고 앉아, 바다처럼 밀려오고 밀려가는 군중을 바라보다가,
꽃 밑에, 불 밑에 키스처럼 반짝이는 많은 여성의 웃음을 바라보다가,
문득 몇 날 전, 다방에서 마주 앉아 못내 사랑스럽다 하던 애인의 눈동자를 슬퍼해 본 적은 없습니까?

353
모든 것에 이기고, 모든 것을 깨달아,
모든 것을 버려 집착이 없고,
애욕이 다해 해탈한 사람.
그는 벌써 성(聖)의 길에 든 사람이다.

若覺一切法　能不著諸法
一切愛意解　是爲通聖意

"만일 이러한 물건(여성)이 둘만 있었다면, 이 세상에 성도할 사람 없을 것이다." - 붇타

354
모든 보시에서 경의 보시 제일이요,
모든 맛에서는 도의 맛이 제일이요,
모든 낙에서는 법의 낙이 제일이요,
애욕의 다함은 모든 괴롬 이긴다.

衆施經施勝　衆味道味勝
衆樂法樂勝　愛盡勝衆苦

애(愛)는 애착이 아니다.
그것은 모든 사물을 파괴한 뒤에 오는 실상의 긍정이요, 그 사물의 생명과 동화된 자태이다.
애는 끊임없는 창조적 활동이요, 애착은 모든 사물의 생명을 응체(凝滯)시키는 것이다.

355
어리석은 사람은 제 몸을 묶어
피안으로 건너갈 생각을 않는다.
애욕의 즐거움 그대로 맡겨

법구경 257

남을 해치고 또 나를 죽인다.

愚以貪自縛　不求度彼岸
貪爲愛欲故　害人亦自害

"사랑은 죽음보다 강하다……."
이 말은 사실 치정의 범죄적 본능 외에 다른 무슨 의미를 가지고 있겠는가?
그렇지 않으면 허영적 감상 외에…….

356
밭은 잡초의 해침을 받고
사람은 탐심의 해침을 받나니,
탐심 없는 이에게 보시 행하면
거두는 그 복 한이 없으리.

愛欲意爲田　婬怨痴爲種
故施度世者　得福無有量

에덴 동산에서 아담이 빨간 선악(善惡)의 과실을 바라보고 무한한 식욕을 느꼈을 때에, 인간에게는 영광과 희망과 재생의 동이 텄다.
그리하여 맛나는 과즙이 아담의 목구멍을 넘어갔을 때에, 인간은 영원한 구원을 받았다.

신의 인간에서, 인간의 인간으로……죄에의 자유는 곧 선에의 자유였다.

357

밭은 잡초의 해침을 받고
사람은 진심(성냄)의 해침을 받나니,
진심 없는 이에게 보시 행하면
거두는 그 복 한이 없으리.

어린애에게 이 세계라도 능금 알처럼 따주고 싶은 마음.
이것은 남에게 기쁨을 줌으로 밀미암아 빚아 오는 유쾌처럼, 거룩하고 귀하고 건강한 유쾌는 없다는, 가장 아름다운 본능의 표징이다.
받는 자의 기쁨의 무사기(無邪氣)와, 주는 자의 야심 없고 아첨 아닌 사랑이기 때문이다.

358

밭은 잡초의 해침을 받고
사람은 치심(어리석음)의 해침을 받나니,
치심 없는 이에게 보시 행하면
거두는 그 복 한이 없으리.

사람은 마땅히 숨겨 두어야 할 위대를 너무나 가지지 못했으매
모래알 같은 일에, 모래알 같은 자기를, 모래알처럼 나타내는 게 아닌가?

359

밭은 잡초의 해침을 받고
사람은 욕심의 해침을 받나니,
욕심 없는 이에게 보시 행하면
거두는 그 복 한이 없으리.

항상 자기의 것을 남의 것보다 크게, 아름답게, 좋게 보고 만열(滿悅)을 느끼는 오만한 자.
항상 남의 것을 자기의 것보다 크게, 아름답게, 좋게 보고 허천(虛喘)을 떠는 간탐(慳貪)한 자.
전자는 후자보다 행복하다. 그러나 눈이 어둡다.

25. 비구품(比丘品)

옛날 새·비둘기·뱀·사슴의 네 짐승이 한 산에 살고 있었다. 한날 밤에 저들은 서로 '이 세상 고통 가운데 어떤 것이 제일 클까?' 하고 생각했다. 새가 말했다.

"배고프고 목마른 것이 제일 큰 고통이다. 배고프고 목마를 때에는 몸은 여위고 눈은 어두워 정신이 편지 않다. 그래서 몸을 그물에 던지기도 하고 화살도 돌아보지 않는다. 우리의 몸을 망치는 것은 이 때문이다."

비둘기는 말했다.

"음욕이 가장 괴롭다. 색욕이 불길처럼 일어날 때에는 돌아볼 것이 없다. 몸을 위태롭게 하고 목숨을 죽이는 것은 이 때문이다."

뱀은 말했다.

"성내는 것이 가장 괴롭다. 독한 생각이 한 번 일어나면 친한 사람, 낯선 사람 가릴 것 없이 남을 죽이고 또 자기를 죽인다."

사슴은 말했다.

"두려운 것이 가장 괴롭다. 나는 숲 속에서 놀 때, 사냥꾼이나 늑대가 오나 해서 마음이 늘 떨린다. 어디서 무슨 소리가 나면 곧 굴속으로 뛰어들고, 어미 자식이 서로 갈리어 애를 태운다."

오통비구는 이 말을 듣고 그들에게 말했다.

"너희가 말하는 것은 다만 가지뿐이요, 아직 뿌리를 모른다. 천하의 고통은 몸이 있기 때문이다. 만일 능히 고통의 근원을 끊으면 열반에 들 수 있을 것이다. 열반의 도는 고요하고 고요해 형용할 수 없고, 근심·걱정이 아주 끝나 그 이상 편안함이 없는 것이다."

— 법구비유경, 안녕품

360

눈을 보호하는 것 착한 일이다.
귀를 보호하는 것 착한 일이다.
코를 보호하는 것 착한 일이다.
혀를 보호하는 것 착한 일이다.

端目耳鼻口　身意常守正
比丘行如是　可以免衆苦

저 문을 꼭꼭 닫아 두라.
이 여섯 문을 꼭꼭 닫아 두자.
행여 바람이 새어들세라.
티끌이 날아들세라.
도둑이 몰래 잠겨들세라.

361

몸과 입을 보호하는 것 착한 일이다.
뜻을 보호하는 것 착한 일이다.
만일 비구 있어 이렇게 행하면
그는 모든 고통을 면할 것이다.

오직 하나 알뜰한 상(像)이 있어
가슴속 깊이 보배로이 지녔기에,
여섯 문 꼭꼭 닫고 녹장(祿帳) 내리고
오로지 태우는 그리움의 촛불 하나.

362

손발을 억제해 함부로 하지 않고
말을 삼가고, 행동을 조심하며,
정(定)을 닦아 즐기고 정에 머물러
혼자 있어 만족하는 비구가 되라.

手足莫妄犯　節言愼所行
常內樂定意　守一行寂然

무엇을 할까? 아니, 어떻게 할까가 문제다.
사물에 무슨 귀천과 대소가 있으랴. 그것을 대하는 내 마음의 태도에 진위와 염정(染淨)이 있을 뿐이다.

비록 마당의 풀 한 포기를 뽑고, 방 한 번 닦는 것도 그것을 대하는 태도 진성(眞誠)일 때는 그 공덕 시방(十方) 중생에 회향(廻向)되어 위대할 것이요, 국가를 책략하고 천하를 평정한다 하더라도 그 마음에 때가 끼일 때는 하나의 미미한 사사(私事)에 불과할 것이다.

363
비구는 마땅히 입을 지키어,
말이 적고, 무겁고, 또 부드러워서,
법의 뜻을 그 속에 나타내 보이면
그 말은 반드시 달고 맛난다.

學當守口　寡言安徐　法義爲定　言必柔軟

어떠한 '아니오' 속에서도 '예'를 들을 수 있고, 어떠한 '예' 속에서도 '아니오'를 들을 수 있다.

364
만일 비구 있어서 법을 즐기고
법에 머물고, 법을 항상 생각하고,
법 따라 행해 거기에 편안하면
그는 법에서 물러나지 않으리.

樂法欲法　思惟安法　比丘依法　正而不費

"물(物)이 이미 이루어질 때까지 그것이 이루어지지 못하리라고 생각된 것은 얼마나 많은가?" - 푸리니오
그러나 일이 이미 틀릴 때까지 그것이 이루어지리라고 생각된 것은 얼마나 많은가?
다 같이 인생은 기망(欺罔)이다. 과거에 있어서……
다 같이 인생은 의지다. 미래에 있어서…….

365
자기의 얻음에서 불평을 말라.
남의 분(分)을 실없이 부러워 말라.
남을 함부로 부러워하는 비구,
마음의 안정을 얻지 못한다.

學無求利　無愛他行　比丘好他　不得定意

인간에의 신뢰, 실로 이것은 우리 혼의 평안한 숙박소·위안처요, 불·신에의 신앙이 곧 그것이다.
여기에서 생활의 어둡고 거친 풍우의 밤은 평정한 아침으로, 나직이 누르는 음울한 하늘은 청량한 하늘로 전화(轉化)·개전(開展)되어 가는 것이다.

366

자기의 얻음에서 불만을 품지 않고
적게나마 쌓아 둠이 없으면,
정명(淨命 : 깨끗한 생활)의 게으름이 없는 비구를
하늘도 오히려 칭찬하나니.

比丘少取　以得無積　天人所譽　生淨無穢

새것을 욕망하는 욕망과 그 욕망의 운행은,
사람을 향상시키는 동시에 불행하게도 한다.

367

세상 모든 것 헛된 것이라,
구태여 가지려 허덕이지도 않고
잃었다 하여 번민도 않는 사람,
그야말로 참으로 비구이니라.

一切名色　非有莫惑　不近不憂　乃爲比丘

만일 '자유'가 없었다면 우리에게는 자유에 대한 요망이 없을 것이다.
'영원'이 없었다면 또한 영원에 대한 흔구(欣求)가 우리에게 생길 수 없을 것이다.
어머니의 유즙(乳汁)이 있었기에 갓난아기의 젖에 대한 요구가 있고, 처녀가 이성에 눈을 떴을 때 벌써 그 주위에는 총각이 둘려 있는 것이다.

368
부처님 가르치심 사랑하고 공경하여
언제나 자비에 사는 비구는,
고요한 마음으로 진리를 관찰하여
욕심이 쉬어 언제나 안락해라.

比丘爲慈　愛敬佛教　深入止觀　滅行乃安

부모의 애정으로 자라나면서 어린애는 그것을 모른다.
부처의 자비의 본원에 구원을 받으면서 중생은 그것을 모른다.
너무 크기 때문이다.

369
비구여, 이 배(船) 밑의 물을 퍼내라.
속이 비면 배는 가볍게 가나니,
가슴속에 음(淫)·노(怒)·치(痴)의 독이 없으면
너 또한 열반에 빨리 가리라.

比丘扈船　中虛則輕　除婬怒癡　是爲泥洹

흐름은 끝끝내 바다까지의 길을 발견하지 않고는 그치지 않는다.
사람은 끝끝내 죽음에까지 가지 않을 수 없다.
문제는 다만 그의 과정에, 그 흐름의 태도 여하에 있다.

370

다섯¹⁾을 끊고, 다섯²⁾을 버리고
또 다섯³⁾을 부지런히 닦아라.
다섯⁴⁾ 가지 집착을 뛰어넘은 비구는
생사의 바다를 건넜다 한다.

1) 내가 있다는 소견, 의심, 계율에 대한 그릇된 소견, 탐욕, 진심.
2) 색계(色界)에 대한 탐심, 무색계에 대한 탐심, 마음의 덤빔, 거만함, 어리석음.
3) 믿음, 부지런함, 항상 생각함, 마음의 고요함, 지혜.
4) 탐하는 마음, 성내는 마음, 어리석음, 거만함, 바르지 않은 소견.

捨五斷五　思惟五根　能分別五　乃渡河淵

"언제나 한 번은 미워하지 않으면 안 될 것으로, 이것을 사랑하라. 또 언제나 한 번은 사랑하지 않으면 안 될 것으로, 이것을 미워하라." — 키론
사람은 이렇게까지 신중하고 과민하지 않으면 안 될 것인가?
인생의 중하(重荷)다.

371

비구여, 생각을 한 곳에 모아라.
마음을 욕심에 날뛰게 하지 말라.
뜨거운 철환(鐵丸)을 입에 머금어
몸이 타는 괴롬을 스스로 받지 말라.

禪無放逸 莫爲欲亂 不呑洋銅 自惱燋形

업이란 몹시 치근치근한 것이다. 재 속에 파묻힌 불과 같이 한 번 나타나기 전에는 그 열기 좀처럼 식지 않고, 또 새로 짜 낸 쇠젖과 같이 당장에는 익을 줄 몰라 수축(隨逐)하면서 사람을 괴롭힌다.
한 번 벽을 향해 던져진 고무공은
반드시 돌아온다.
다소의 지자(智者)는 악을 행하면서 마음을 괴롭히나, 우자(愚者)는 그 보(報)가 나타난 후에야 비로소 죄책을 느낀다.

372

선(禪)이 없으면 지혜 얻지 못하고
지혜 없으면 선이 되지 않는다.
선과 지혜를 갖춘 사람은
이미 열반에 가까웠나니.

無禪不智 無智不禪 道從禪智 得至泥洹

생명의 영광에 한 번 쪼이면
모든 실재(實在)는 절대화한다.
생명은 생명 그 자신, 유일의 목적이매.

373

빈 집(無)에 들어가 '공(空)'을 깨닫고
혼자 있어 마음이 고요한 비구는
오직 한 생각, 법을 생각하면서
사람 가운데 없는 즐거움을 맛본다.

當學入空　靜居止意　樂獨屛處　一心觀法

내 눈이 미치지 못하는 곳, 내 귀가 미치지 못하는 곳…….
못 보고, 못 듣는다 하여 어찌 거기에 빛과 소리가 없다 하랴!
이렇게 생각하면, 시방(十方) 세계에 불(佛)의 정각음(正覺音) 가득 찬 것도 같다. 불의 보리신(菩提身) 가득 찬 것도 같다.

374

이 몸은 오음(五陰)의 거짓 모임으로서
있다 없어지는 것, 생각해 알면,
마음은 깨끗한 즐거움에 잠기어
감로의 시원한 맛, 맛볼 것이다.

當制五陰　伏意如水　淸淨和悅　爲甘露味

인생이란 큰비가 쏟아지는 광야를 걸어가는 나그네와 같은 것이다.
달려 보아도 허득거려 보아도 비에 젖(苦)지 않을 수는 없는 것이다.
먼저, 젖기를 각오하시오. 그리하여 비를 맞으며 유유히 걸어가시오. 젖기는 일반이나 고뇌는 적을 것이니.

375
이른바 총명하고 지혜로운 비구는
감관을 단속해 족함을 알고
도덕을 지켜 생활이 바르며,
착한 친구를 구해 사귀고,

不受所有　爲慧比丘　攝根知足　戒律悉持

인간은 어떠한 때, 어떠한 곳에서나, 각각 그 때 그곳의 신에 의해서 생활한다.
그러나 모든 신은 언제나 어디서나 일신(一神)의 환상에서 일어나는 것이다.
그 일신이란, '자기'다.

376
항상 보시를 즐겨 행하고

행하는 일은 착하고 묘하나니,
이렇게 하여 지혜로운 비구는
괴롬 다해 즐거움이 많으니라.

生當行淨　求善師友　知者成人　度苦致喜

보시는 보시를 잊어서 무루(無漏)의 보시가 되고, 자비는 자비를 잊어서 큰 자비가 되고, 인(仁)은 인을 잊어서 인에 이르고, 사랑은 사랑을 잊어서 사랑에 살고, 종교는 종교를 잊어서 진정한 종교가 되고, 신앙은 신앙을 잊어서 순수한 신앙이 되고, 시(詩)는 시를 잊어서 영감의 시가 되고, 나는 나를 잊어서 비로소 전아(全我)가 되나니.
어찌 하물며 그것을 과시하고 교만하랴!

377
피었다 시들 때가 되면
꽃을 떨어뜨리는 '위사가(풀 이름)'처럼,
아아 비구여, 너희 또한
음(淫)·노(怒)·치(痴)를 떨어 버려라.

如衛師華　熟知自墮　釋婬怒癡　生死自解

옥중에서보다, 전장에서보다, 평온 무사한 일상 생활에서 우리는 보다 두려운 적을 발견한다.

그 적은 눈으로도 볼 수 없고, 의식할 수도 없기 때문에.
다만 생명의 완만한 멸망이 있을 뿐이다.

378
몸도 고요하고, 말도 고요하고
마음도 고요하고 그윽함을 지켜
이미 세상일 버린 비구는
'고요하고 고요한 사람'이라 불린다.

止身止言　心守玄默　比丘棄世　是爲受寂

부를 획득함으로 말미암아,
그들은 얼마나 빈핍(貧乏)하여지는가!

379
몸을 단속해 스스로 경계하고
안으로는 마음을 깊이 파고들어가,
항상 혼자서 진리를 생각하면
비구는 즐겁고 편할 것이다.

當自勅身　內與心爭　護身念諦　比丘惟安

각각 자기의 입장을 잃고 무수한 다른 입장에 현혹될 때, 비로소 혼란한 상태가 시작된다.
자율적인 생과 생의 사이에는 어떠한 투쟁이 있더라도 거기에는 순화된 정신, 정화된 생명이 있을 뿐이다.
위대한 전사(戰死)와 개선(凱旋), 깨끗한 승리와 패배!

380

나는 나를 주인으로 한다.
나 밖에 따로 주인이 없다.
그러므로 마땅히 나를 다루어야 하나니,
말을 다루는 장수처럼.

我自爲我　計無有我　故當損我　調乃爲賢

'나'는 오로지 '나'로서, '나' 외의 아무것도 아니다.
인간의 인간 되는 소이, 생의 생 되는 진실한 권위는 어떠한 조건에 있지 않다.
생이 허락되어 있는 근본 근거는 오직 하나, '생'이라는 근거밖에 또 있을 것이 없다.
어떠한 천재, 어떠한 위인도 그 근거에서는 무능한 나와 미미한 벌레와 다를 것이 없다.

381

부처님 가르침에 믿음이 깨끗해
기쁨과 즐거움이 많은 비구는,
저 고요한 열반에 이르러
욕심이 쉬어 길이 편안하리라.

喜在佛敎　可以多喜　至到寂寞　行滅永安

억지는 어린애의 요구를 만족시키고,
신앙은 무근(無根)한 신의 존재를 구해 준다.

382

비구 비록 나이는 젊었다 해도
부처님 가르침에 어김 없으면,
그는 이 세상을 밝게 비추리,
어두운 구름 속에서 나온 달처럼.

儻有少行　應佛敎戒　此照世間　如日無曀

높고 커다란 무대 위의 휘황·장엄한 위업(偉業),
어두운 토옥(土屋) 속의 가장 비밀한 선행.
위대는 반드시 위대 속에만이 아니라, 보다 능히 범용(凡庸) 속에도 있는 것이다.

26. 바라문품(婆羅門品)

'월지'라는 나라가 있어 '마갈타'국 '아사세' 왕의 명령을 듣지 않았다. 왕은 이것을 치고자, 우선 정승 '우사'를 부처님께 보내어 그 승부를 물었다.

"저 나라의 백성들은 칠법을 받들어 행하므로 이길 수 없다. 잘 생각해서 함부로 움직이지 말라. 무엇이 칠인가! ① 자주 모여서 바른 법을 강의하고, ② 임금과 신하는 어질고 충성해서 서로 화목하고, ③ 법을 받들어 행해서 상하의 분별이 있고, ④ 남녀의 구별이 있고, 어른과 아이는 서로 받들고, ⑤ 부모에게 효도하고 사장에게 공경하고, ⑥ 천지의 이치를 받들고 사시의 차례를 따라 백성이 부지런히 농사하고, ⑦ 도를 숭상하고 덕을 공경해, 도 있는 사람을 받들어 섬긴다. 대개 임금이 되어 이 칠법을 행하면 위태로울 일이 없다. 그러므로 천하의 군사를 다 들어 이것을 쳐도 이길 수 없을 것이다."

하시고 부처님은 이내 게송을 설하셨다.

그래서 아사세 왕은 싸움을 단념하고 부처님의 가르침을 받들어 나라를 교화했다. 월지국은 스스로 나아와 그 명령을 따랐다.

— 법구비유경, 열반품

383

용감하게 애욕의 흐름을 끊어
모든 욕심을 떠나라. 바라문이여,
모든 지어진 것 없어지는 줄 알면
나지도 죽지도 않는 진리에 들어가리.

截流而渡　無欲如梵　知行已盡　是謂梵志

"욕구를 버리라."는 말은 욕구를 없애라는 말이 아니다. 욕구를 가지라는 말이다.
욕구의 방향을 고치라는 말이다.

384

계(戒)도 없고 정(定)도 없이 오직 깨끗해,
열반의 저 언덕에 이르렀다면
이 지혜로운 바라문의
모든 속박은 풀려 다한다.

以無二法　淸淨渡淵　諸欲結解　是謂梵志

순결은 도피가 아니요, 은둔·고고가 아니다.
그의 진정한 명예는 도리어 어떤 한계가 없는 신축의 자유자재에 있을 것이다.

물러나면 물러날수록 옴츠러들면 옴츠러들수록 압력과 추세는 배가하리니, 사위를 돌아보아 어느 곳이 나의 안주처인가?

385
건너가야 할 저쪽 언덕도 없고
떠나야 할 이쪽 언덕도 없어
두려움도 없고 근심도 없는 사람,
나는 그를 불러 '바라문'이라 한다.

適彼無彼　彼彼已空　捨離貪婬　是謂梵志

도 있는 곳에 밥이 따른다는 고인(古人)의 말씀이 아닌가? 무엇을 먹을까 걱정하지 말라는 예수의 말씀이 아닌가?
먼저 생활의 공포를 버리고 생활의 신념을 가지자.
최후에 오는 것은 죽음, 죽음을 극복하는 곳에 무슨 간난(艱難)이 있으랴.

386
고요히 생각하고, 탐심을 떠나,
굳게 법에 머물러, 할 일 힘써서
최상의 깊은 뜻을 깨달은 사람,
나는 그를 불러 '바라문'이라 한다.

思惟無垢　所行不漏　上求不起　是謂梵志

나를 비우는 것은 모든 것을 정화하는 것이다. 진(眞)만이 아니라 위(僞)도, 선만이 아니라 악도, 미만이 아니라 추도.
거기서는 사상(事象)과 행위가 정상(定相)을 여의기 때문이다. 모든 가치 비판의 영역을 초월하기 때문이다. 수처작주(隨處作主)의 세계가 전개되기 때문이다.

387

해는 낮에 빛나고
달은 밤에 빛난다.
무기는 군인을 빛내고
선(禪)은 도인을 빛낸다.
그런데 부처님은 세상에 나와
위광(威光)으로 모든 어둠을 비춘다.

日照於晝　月照於夜　甲兵照軍
禪照道人　佛出天下　照一切冥

정토는 어디며 '미타'는 무엇인고? 모두가 일념(一念)이다.
십만억토(土)도 일념이요, '미타'도 일념이다.
이 일념 속에 영원한 시간이 약동하고 무한의 세계가 전개되는 것이다.
여기서 기도는 영원하고 원력(願力)은 무한하다.

388

모든 악을 떠났기에 바라문이다.
바른 길로 들었기에 사문이니라.
나의 모든 더러움을 버렸기 때문에
'집을 버렸다'고 이르는 것이다.

出惡爲梵志　入正爲沙門
棄我衆穢行　是則爲捨家

방랑이란, 인간 본능의 일종이 아닌가? 그것은 미지에의 동경에서 나온, 기지(既知)에의 권태의 발작이 아닌가?
그러므로 그것은 곧 탐구의 대명사가 아닌가? 인생의 모든 문화 창조의 동기가 여기서 발원된 것이 아닌가?
좋은 의미에서, 석가도 방랑자였고 예수도 방랑자였다. 모든 죄악의 부정에서 진선(眞善)의 긍정으로 돛을 달고 신틀을 맨, 인생의 위대한 방랑자였다.

389

바라문을 때리지 말라.
바라문은 그것을 갚지 말라.
아아, 어떻게 바라문을 때리랴!
하물며 어떻게 그것을 갚으랴!

不捶梵志 不放梵志 咄捶梵志 放者亦咄

장삼을 입고, 가사를 수하고 합장을 해본다.
외양의 단정은 내심의 정재(整齋)에 결코 적지 않은 도움이 된다.
겸손과 하심(下心), 얼마나 평안하고 화평한 심경인가? 높고 아름다운 덕인가!

390
사랑에 겨워 빠지지 않으면
그 공덕도 적지 않은 것이다.
해치려는 마음이 그침을 따라
그만큼의 괴로움은 없어지나니.

若猗於愛 心無所著 已捨已正 是滅衆苦

외부로부터 오는 해악에 대해서는, 아무리 무력해도 그것은 부끄러울 것이 없다.
무력 중에 가장 나쁜 것은 자기의 내부 감정에 대한 무력이다.

391
몸이나 입이나 뜻이
깨끗해서 허물을 범하지 않아

이 세 가지 행(行)을 잘 다룬 사람,
나는 그를 '바라문'이라 한다.

身口與意　淨無過失　能攝三行　是謂梵志

남의 생활에 손댈 의욕 없이, 내 생활에 남의 간섭을 피하려는 이곳에 해(害) 없는 나의 '에고이즘'의 만족이 있다.
그리하여 여기에는 또한, 사위(詐僞)와 과장과 부자연과 아첨의 가쇄(枷鎖)에서 벗어날 수 있는,
진실한 개성 생활의 행복도 있는 것이다.

392
바르게 깨달은 이의 말한 바 법을,
마음으로 한 번 깨달아 알았거든,
그것을 공경해 돌아가 의지하라,
화천(火天)을 예배하는 바라문처럼.

若心曉了　佛所說法　觀心自歸　淨於爲水

종교는 둔한 양심의 숫돌, 마비된 자성력(自省力)의 식염 주사.
심경(心鏡)이 맑아짐으로 말미암아 은폐되었던 자기의 번민이 발견되고 촌분(寸分)의 악업이 척장(尺丈)으로 보이는 것이다.
큰 신앙, 출생의 진통이요, 큰 위안, 큰 환희의 전주곡이다.

393

그것은 머리를 묶은 때문 아니다.
종족(宗族) 때문도 성(性) 때문도 아니다.
진실과 법을 가졌기 때문에
그를 일러서 '바라문'이라 한다.

非蔟結髮 名爲梵志 誠行法行 淸白則賢

문득 생각하니 죄 많은 세상, 약한 인간!
될 수 있으면 죄 짓지 않게, 될 수 있으면 굳센 생활로
얼마 아닌 일생을 보내고 싶다.

394

머리를 묶은들 무엇 하리.
풀옷을 입은들 무엇 하리.
마음에 집착을 버리지 않으면
겉으로만 버려서 무엇 하리.

飾髮無慧 草衣何施 內不離著 外捨何益

사람들은 흔히 재지(才智)와 기민만은 가상(嘉賞)할 줄 알면서, 그에 따르는 사위(詐僞)와 교묘와 미친 듯한 자홀(自惚)과 희희(嬉嬉)하는 경박에는 장님인 듯 못 보는 양한다.

그러면서 무지에서 오는 잘못의 허물에만은, 어쩌면 그리도 밀밀(密密)하고 급촉(急促)한가!

395

몸에는 헌 누더기를 입었어도
법을 따라 몸소 행하고
혼자 있어 고요히 생각하면,
나는 그를 일러 '바라문'이라 한다.

被服弊惡　躬承法行　閑居思惟　是謂梵志

평화와 안정의 생활에서만 나의 존재는 바로 서고, 그 속에 있어서만 내 생명은 그것을 얻어 본유(本有)의 성능을 발휘한다.
적어도 나는 이 사실을 잘 알매,
모든 의욕의 다툼과 권세의 싸움은 그들에게 맡겨 두련다.

396

바라문을 부모로 해서 태어난 자를
나는 바라문이라 하지 않는다.
마음속의 많은 번뇌를 멸하면
그것이 진정한 바라문이다.

我不說梵志　託父母生者
彼多衆瑕穢　滅則爲梵志

오욕(五慾)을 떠나 깨끗한 종교 생활을 영위한 과거의 선인들이 얼마나 위대한가를 새삼스레 느낀다.
자기의 범부성, 못내 비참하고 밉다.
모든 전통적 관념과 인습적 지식을 완전히 파괴하여 새로운 입장을 가져야 하고, 나중에는 그 입장마저 버리지 않으면 안 된다.

397
세상에 구하는 욕심을 끊고
그 뜻을 함부로 놀리지 않아
모든 두려움을 떠난 사람,
나는 그를 '바라문'이라 한다.

絶諸可欲　不婬其志　委棄欲數　是謂梵志

'행복아, 나의 발꿈치를 따라와. 나는 진리를 좇아가련다.'
비록 마음속으로 이렇게 생각해 보았으나, 또 다른 마음 한구석에는 어딘가 생활의 공포가 깃들여 있다.
오늘이라도 내게 만일 세간의 명문(名聞)·이양(利養)의 큰 복덩이가 떨어진다면 나는 떡 조각을 반기는 창살 안의 원숭이 모양으로 진리도, 양심도 원수처럼 버릴 수 있겠는가?

398

사랑과 미움의 흐름을 끊고
미혹의 그물과 자물쇠를 벗어나
어둠의 장벽을 헐어뜨린 사람,
나는 그를 '바라문'이라 한다.

斷生死河　能忍超度　自覺出塹　是謂梵志

"목숨을 아끼는 곳에 위(偉)가 있을 수 없고, 부와 귀와 공명을 탐하는 곳에 영(英)과 호(豪)가 있을 수 없다.
사(私)와 아(我)가 있는 어느 곳에 강(剛)과 용(勇)이 있을 수 있으랴!
본무(本無)의 곳에 '미타'의 이검(利劍)을 뽑아 휘둘러 보라. 천하의 일은 자재로울 것이다." ― 문각(文覺)

399

죄가 없는데 꾸짖음을 받거나
매를 맞거나 결박을 당해도
성내지 않고 참는 힘을 가진 사람,
나는 그를 '바라문'이라 한다.

見罵見擊　默受不怒　有忍辱力　是謂梵志

"원수를 사랑하라." ― 예수

여기 무슨 이유가 있는가?
있다면 그것은 사랑이 아니요, 사랑으로 변형한 미움이니라.

400
속임이나 침노에 원한을 품지 않고
다만 계를 생각해 욕심이 없어,
생사의 이 세상에 마지막 몸을 가진
그를 나는 '바라문'이라 한다.

若見侵欺　但念守戒　端身自調　是謂梵志

날이 갈수록 때를 좇아 인심은 어지러워 가매, 나는 내 혼의 평화를 지키자.
날이 갈수록 때를 좇아 세상은 복잡해 가매, 나는 내 생활의 단순을 굳이 보호하련다.
계기(戒器)의 방정(方正)한 곳에 정수(定水)의 청정이 있고, 정수의 청정이 있는 곳에 혜월(慧月)의 현현(顯現)이 있나니, 이것은 부처님의 교훈이시다.
나는 우선 무지배(無知輩)들이 보내는 소승(小乘)이라는 기롱(譏弄)을 달게 받으며, 부처님의 본뜻을 남몰래 지니리라.

401

연잎의 물방울처럼, 바늘 끝의 겨자 알처럼,
뱀이 껍질을 벗는 것처럼,
세상의 즐거움을 마음에 버린 사람,
나는 그를 불러 '바라문'이라 한다.

心棄惡法　如蛇脫皮　不爲欲污　是謂梵志

지상은 유혹의 시장이다. 생 자체가 하나의 연속된 유혹이다.
사람은 누구나, 어떤 형식으로나, 언제든지 어떤 무엇에 유혹되고 있는 것이다.
어떻게 보면, 어떤 무엇에 유혹되지 않고는 너무 고독하여 살 수 없는 것이 우리 인간인 것 같다.

402

이 생의 괴로움을 깨달아
마음속의 더러운 욕심을 버려
무거운 짐을 내려놓은 사람,
나는 그를 '바라문'이라 한다.

覺生爲苦　從是滅意　能下重擔　是謂梵志

왕생이란, 반드시 사후의 세계가 아니다. 한 번 우리의 관점을 고칠 때 곧 나타나는 현상이리라.

몸은 여기에, '사바'에 살면서 마음은 항상 정토에 논다는 말이 곧 이 뜻 아닐까?

이 현재의 한 찰나, 생사에 무애(無碍)되는 무심의 '지금'이 곧 그 경애(境涯)이리라.

살고 있는 '지금' 속에 확실한 무엇을 파악하지 못하고, 어찌 죽어서 간다는 일에 신념이 생기겠는가?

403

깊고 미묘한 지혜를 깨닫고
바르고 그릇됨을 분별해 알아,
위 없는 법을 몸소 행하는
그를 불러 나는 '바라문'이라 한다.

解微妙慧　辯道不道　體行上義　是謂梵志

오늘의 선이 내일은 악으로, 어제의 금(禁)이 오늘은 허(許)로, 정(正)과 사(邪)가 그 얼굴을 고치고, 비(非)와 시(是)가 그 자리를 바꾸어 덧없이 변전(變轉)하는 세태와 인정!

이렇다 하여 다만 권(權)과 세(勢)와 역(力)이 인간 도덕의 규범이 되고 기준이 되어, 최후의 결정권을 점령하는 것이 가(可)하겠는가?

404

집이 있거나 집이 없거나
마음속에 두려움 없어
적은 그대로 욕심이 없는 사람,
나는 그를 '바라문'이라 한다.

棄捐家居　無家之畏　少求寡欲　是謂梵志

나는 진정 무용의 인(人), 무위의 인이 되고 싶다.
그리하여 나 혼자의 생활을 지키고, 바루고, 다듬을 수 있는 온정(穩定)과 자연을 가지고 싶다.
포인(庖人)의 치포(治庖)가 선하지 못하다 하여, 시축(尸祝:神主와 祭文)이 준조(樽俎)를 넘어 이것을 대(代)하랴!

405

약한 것이나 강한 것이나
모든 생명을 놓아 살려 주고,
해치거나 괴롭힐 마음이 없는
그를 나는 '바라문'이라 한다.

棄放活生　無賊害心　無所嬈惱　是謂梵志

모든 인간성을 무시하는 곳에서

참된 인간성이 발휘되는 수도 있다.
전장의 인정…….

406
다툼을 피해 다투지 않고
침노를 당해도 성내지 않으며
악을 갚기를 선으로 하는 사람,
나는 그를 '바라문'이라 한다.

避爭不爭　犯而不慍　惡來善待　是謂梵志

청정·겸손한 절대의 복종이 있는 곳에, 모든 명령은 신의 예지의 정신에서 오는 교시(敎示)로 정화되나니.
나는 또한 프란체스코의 겸손의 덕을 배우리라.
이것은 오로지 세상의 시끄러움을 잠재우는 데 도움도 되겠거니와, 내 함묵(緘默)과 침착은 다만 그것으로나마 누구에겐가는 위안과 행복을 주기도 할 것이다.

407
탐냄과 성냄과 어리석음과
또 교만·질투들 모든 악 버리기를
뱀이 껍질을 벗듯 하는 사람,

나는 그를 '바라문'이라 한다.

去婬怒癡　憍慢諸惡　如蛇脫皮　是謂梵志

조그마한 기쁨!
참으로 순수하고, 깨끗하고, 알뜰한 행복이란 커다란 영화에보다 이러한 조그마한 기쁨에 있다.
시샘도 없고 겁도 없는 조그마한 기쁨에.

408

남에게 하는 말이 거칠지 않아
듣는 사람의 마음을 해치지 않고
또 참다운 말로 남을 가르치는
그를 나는 '바라문'이라 한다.

斷絶世事　口無麤言　八道審諦　是謂梵志

그의 죄과(罪過)를 자극하는 것은 그를 구하는 유위의 현명이다.
그의 죄과를 망각시키는 것은 그를 구하는 무언의 자비이다.
그러나 끊임없는 자극은 그의 반발을 가져오기 쉽고, 계속되는 망각은 침체를 가져오기 쉽다.

409

길거나 짧거나, 많거나 적거나
거칠거나 곱거나, 깨끗하나 더러우나
남이 주지 않는 것은 앗지 않는
그를 나는 '바라문'이라 한다.

所世惡法　修短巨細　無取無捨　是謂梵志

우리는 모든 것을 전유(專有)하려는 욕구를 가졌다.
동시에 행복까지도 남에게 나눠 주고 싶어하는 욕구를 가졌다.

410

이승의 행(行)이 깨끗하므로
저승도 물들지 않나니,
저승의 걱정도, 소원도 없는
그를 나는 '바라문'이라 한다.

今世行淨　後世無穢　無習無捨　是謂梵志

모두 주어진 존재, 주어진 생활이다.
그러므로 모든 인간은 자기에게 주어진 인생을 살고, 자기가 살지 않을 수 없는 인생을 살고 있다.
자기의 생활을 건설하기 위한 장소가 여기 외에 없다는 확고한 자각을 가지는 곳에, 비로소 그 사람의 생활의 참 '뿌리'가 박힌다.

411

몸을 내던져 어디 의지하지 않고
법을 밝게 알아 의심이 없어
감로의 근원에 이르는 사람,
나는 그를 '바라문'이라 한다.

棄身無猗　不誦異言　行甘露滅　是謂梵志

①'하는 대로 된다'는 생활과 ②'되는 대로밖에 안 된다'는 생활, ③'합리적 이상주의'의 생활과 ④'법적 자연주의'의 생활 – 도덕의 세계와 종교의 세계.
①에 인생 성장의 광휘와 열이 있고, ②에 인생 원숙의 향기와 안주가 있고,
③에 자신(自信)에의 초조가 있고, ④에 타력(他力)에의 체념이 있다.
먼저 전자의 구극적 체험, 거기서 진정한 후자에의 문이 열리는 것이다.

412

복이나 죄를 함께 여의어
그 어느 것에도 집착이 없어
슬픔도 욕심도 떠난 사람,

나는 그를 '바라문'이라 한다.

於罪與福　兩行永除　無憂無塵　是謂梵志

초월이란 무자유한, 포용성 없는,
또한 무기력한 유리(遊離)와는 다르다.

413
두렷이 깨끗하고 밝은 달처럼
마음에 뜬 생각을 흩어 버려,
남의 비방도 시기도 이미 끊어진
그를 나는 '바라문'이라 한다.

心喜無垢　如月盛滿　謗毁已除　是謂梵志

연정이란 대개 어떤 시간의 한계를 가지는 것으로서, 그에 따라 열정도 어떤 고도의 정점을 가진다.
그리하여 그 한계, 그 정점에서 대개는 변질하거나 강하한다.

414
어리석은 사람 욕심에 날뛰다
함정에 빠져 고통하는 것 보고

오직 한마음, 저쪽 언덕을 향해
의심도 없고 유혹됨 없어
모든 집착을 떠나 편안한 사람,
나는 그를 '바라문'이라 한다.

見癡往來　墮塹受苦　欲單渡岸
不好他語　唯滅不起　是謂梵志

이 지상의 살벌과 소란은 대개 자기의 집착에서 생기고,
자기에의 집착이란 결국 자기 정신의 교란 상태를 이름이니,
혼의 혼탁과 광란은, 인세(人世)의 모든 사악의 근본이다.

415

은혜와 사랑을 끊어 버리고
집을 나가 걸림 없이 돌아다니며
욕망의 존재를 오롯이 버린 사람,
나는 그를 '바라문'이라 한다.

已斷恩愛　離家無欲　愛有已盡　是謂梵志

황혼에 마을 앞을 지나가는 후줄근한 나그네를 보고,
얼마나 많은 위인이 남몰래 이 세상을 지나갔을까 생각해 본다.

416

만일 이승에서
모든 욕심을 끊어 버리고,
집을 나와 이미 애정이 다한 사람,
나는 그를 '바라문'이라 한다.

인간은 꿈을 먹고 사는 동물이다.
꿈이란 우리 생의 세계를 확장하는 귀여운 정신 활동이다.
우리가 우리의 손에 부닥치고, 눈에 보이고, 귀에 들리는 세계만을 향유하고 파지(把持)한다면 그 세계의 협착에 우리는 곧 질식하고 말 것이다.
새로운 꿈이 끊임없이 솟거니
나그네 길이 언제 끝나리.

417

사람의 멍에(속박)를 이미 떠나서
신의 멍에에도 걸리지 않고,
모든 멍에를 모조리 벗어난
그를 나는 '바라문'이라 한다.

離人聚處　不墮天聚　諸聚不歸　是謂梵志

가지가지의 형태와 본질을 가지고 역사에 나타난 모든 신은 결국 인간의 신이었다. 신의 신이 아니었다.

그것은 최고·최강의 인격을 지닌 인간, 혹은 최악·최약의 인간의 모범이었다.
그러므로 우리는 언제나 신에게서 인간밖에 본 것이 없다.

418
즐거움도 버리고, 괴로움도 버리고
맑고 시원하게 불기운 끊어져
모든 세상에 이기는 용자,
그를 나는 '바라문'이라 한다.

棄樂無樂　滅無熅燸　健違諸世　是謂梵志

장자(莊子)는 티끌과 모순에 충만한 지상 세계가 허망하여 참되지 못한 환(幻)의 세계임을 보였고, 그곳을 뛰어넘기 위하여는 바람을 날개 밑에 어루만지며, 청천을 등에 업어 걸릴 것 없는 구만 리의 천상(天上)에 오름을 옳다 하였으니, 이것은 심기의 일대 전환과 자기 초탈(超脫)의 철저를 뜻함이라 하겠다.

419
이승에 태어날 종자가 끊어지고
저승에 떨어질 종자가 부서져
어디에 의지함이 없는 '깨달음', '편안함',

나는 그를 '바라문'이라 한다.

所生已訖　死無所趣　覺安無依　是謂梵志

돌아보매 사람과 사람은 싸우고, 미워하고, 헐고, 해치고, 물고, 찢는다.
달리며, 헐떡이며, 엎치며, 뒤치며, 시기하고, 아첨한다.
사랑하는가 하면 미워하고, 따르는가 하면 배반하고, 기쁜가 하면 슬퍼한다.
일과 일은 서로 걸리고, 얽히고, 물(物)과 물은 빗나가고 어긋난다.
그러므로 '장자'는, 지상의 야마(野馬)와 티끌은 모든 생물이 서로 토해 놓은 기식(氣息)이라 하였던가!

420
습기가 다해 남음이 없는
그의 간 곳은 아무도 모른다.
신도, 귀신도, 사람도 모르는
그를 나는 '바라문'이라 한다.

已度五道　莫知所墮　習盡無餘　是謂梵志

남명(南冥)을 멀다 말라, 북명(北冥)이 곧 그곳이요, 극락정토를 흔구(欣求)하여 십만 국토의 서방을 향하여 교수(翹首)하지 말라. 발꿈치 아래 곧 그 땅이 아닌가?

한 발 돌이키면 그곳이 곧 그곳이련만, 바라보매 아득하기 또한 십만 팔천 리니,
이것이 범부의 미망이요, 중생의 상모(相貌)인가!

421

처음에도, 나중에도, 또 중간에도
그는 아무것도 가지지 않는다.
가진 것도 없고 집착도 없는
그를 나는 '바라문'이라 한다.

于前于後　乃中無有　無操無捨　是謂梵志

학의 다리는 긴 그대로가 옳고, 게는 모퉁이걸음 그대로가 바르게 걷는 것이다.
등나무는 굽은 그대로가 바른 것이요, 꽃은 지는 그대로 사는 것이니,
모든 물류(物類)는 불구(不具)・불비(不備) 그대로 천성(天成)이 아닌가!

422

가장 힘있고 가장 굳세어
세상을 항복받고 자기를 이겨
욕심이 없는 사람, 깨달은 사람,
나는 그를 '바라문'이라 한다.

最雄最勇　能自解度　覺意不動　是謂梵志

"이 생사는 곧 불(佛)의 생명이라, 이것을 염기(厭棄)함은 곧 불명(佛命)을 상실함이요, 또 여기에 집착함도 불명을 상실함이다. 염기도 없고 흠모도 없는 이 때에 비로소 불명에 드나니, 다만 마음으로 계교(計較)하지 말라. 말로써 운위하지 말라. 그리하여 내 몸과 내 마음을 완전히 놓아 부처님의 품에 던져 들라." – 도원(道元)

423
전생을 알고, 내생을 알고
생사의 수레바퀴 끝난 곳 알아
신통이 원만하고 할 일을 마친 사람,
그를 나는 '바라문'이라 한다.

自知宿命　本所更來　得要生盡
叡通道玄　明如能默　是謂梵志

불의(佛意)·신력(神力)을 완전히 이해하고 파악한 곳에 기적이란 아무런 의미도 가질 수 없다.
거기에는 일체가 상사(常事)요, 아니면 일체가 기적이기 때문이다.
기적이란 언제나 제한된 힘의 범위, 인간의 근시안에서만 성립될 수 있는 것이다.

사십이장경
四十二章經

총론(總論)
— 책을 지은 이의 서문

세존(世尊)[1]께서 도(道)를 이루어 마치시고 이렇게 생각하셨다. '모든 욕심을 떠나 고요하고 고요한 것(寂靜)[2]이 가장 좋은 일'이라고. 그래서 큰 선정(禪定)[3]에 머물러 모든 악마[4]의 도를 항복받고, 녹야원(鹿野苑)[5] 가운데서 사제(四諦)[6]의 법륜(法輪)[7]

---

1) 석가모니여래. 석존(釋尊)이라고도 함. 부처님의 열 가지 이름의 하나. 부처님은 공덕이 원만해서 세상을 이롭게 하고, 또 세상의 존경을 받으므로 세존이라 함. 혹은 세상에서 혼자 높기 때문에 세존이라 함.
2) 고요하고 고요함. 마음에 번뇌가 없고 몸에 괴로움이 없는 평정한 상태. 곧 도를 이룬 경지.
3) 진정한 이치를 생각하고 마음을 고요히 해서 산란하지 않게 함. 혹은 마음을 한곳에 모아, 고요하고 편안한 경지에 노닒. 정(定), 정려(靜慮), 기악(棄惡), 사유수(思惟修)라고도 함.
4) 장애자(障碍者), 살자(殺者), 악자(惡者)의 뜻. 사람의 마음과 몸을 어지럽게 하며, 착한 법을 부수고 도를 닦는 사람을 방해하는 것.
5) 녹림(鹿林), 녹원(鹿苑)이라고도 함. 부처님이 도를 이룬 지 스무하루 만에 처음으로 설법한 곳. 현재 인도의 베나레스 시의 북쪽이라 함.
6) 네 가지 진리. 사성제(四聖諦)라고도 함. 고(苦)·집(集)·멸(滅)·도(道)의 사제를 말함. 고제(苦諦)는 현실 인생을 고(苦)라고 보는 것. 집제(集諦)는 고의 원인을 말하는 것으로서 괴로움의 원인을 애욕이라 보는 것. 멸제(滅諦)는 깨달음의 목표, 곧 이상의 열반을 말한 것. 도제(道諦)는 열반에 이르는 방법, 실천의 수단을 말함.
7) 법의 수레바퀴라는 뜻으로서 부처님의 가르침의 법을 말함. 부처님의 법은 세상의 악을 부수는 것이, 마치 전륜성왕(轉輪聖王)의 수레바퀴가 산악이나 암석

을 굴려, 교진여(憍陳如)들[8] 다섯 사람을 구제하여 도의 과(果)를 확실히 깨닫게 하셨다. 그리고 다시 다른 비구[9]들이 있어 부처님께 그들의 의심하는 바에 대해 옳고 그름을 물으므로, 세존께서는 가르치고 타일러 낱낱이 깨닫게 하시니, 그들은 모두 삼가 합장(合掌)[10]하고 심복하여 세존의 가르침을 따랐다.

제1장

— 중이 속가를 떠나 수행함으로 말미암아 얻는, 깨달음의 네 가지를 밝힘. 그러나 이것은 소승(小乘) 불교에 지나지 않는다.

부처님은 말씀하셨다.

"어버이를 하직하고 집을 나와 마음밖에 다른 법이 없는 것과 마음에 알맹이가 없는 것을 알아서, 무위법(無爲法)[11]을 깨달아야 사문(沙門)[12]이라 이름할 수 있으니, 항상 250계(戒)를 행해

을 부수는 것과 같으므로 법륜이라 함. 또 부처님의 법은 한 사람이나 한곳에 그치지 않고 여러 사람에게 전해 가는 것이 수레바퀴와 같으므로 법륜이라 함.

8) 그들은 모두 부처님의 아버지와 어머니의 겨레붙이.

9) 걸사(乞士), 포마(怖魔), 파악(破惡), 제근(除饉), 근사남(勤事男)의 뜻이 있음. 속가를 떠나 걸식하면서 생활하는 남자 중.

10) 손바닥을 모은다는 뜻으로서, 마음의 전일함을 표하는 인도의 경례하는 법.

11) 모든 법의 진실한 그 자체. 나고 멸하는 변화가 없는 진리. 열반(涅槃), 법성(法性), 실상(實相)이라고도 함.

12) 근식(勤息), 곧 부지런히 착한 일을 하고 악한 일을 그친다는 뜻. 처자를 버리고 집을 떠나 불교를 공부하는 중. 비구(比丘)와 같음.

서 그 행동이 깨끗해 맑고, 사제의 도를 행해서 아라한(阿羅漢)13)을 이룬다. 아라한은 능히 날아다니면서 이리저리 변하고, 자기 원대로 오래 살며, 그가 머무는 곳에는 천지가 모두 진동한다. 다음으로는 아나함(阿那含)14)이 되니, 아나함은 목숨이 마치면 그 영혼은 19천(天)15)으로 올라가서 아라한이 된다. 다음으로는 사타함(斯陀含)16)이 되니, 사타함은 한 번 욕계(欲界)의 6천(天)에 오르고 한 번 인간에 돌아왔다가 곧 아라한이 된다. 다음으로는 수타원(須陀洹)17)이 되니, 수타원은 일곱 번 죽었다가 일곱 번 나서 곧 아라한이 된다. 이렇게 애욕을 끊은 사람은 마치 사지를 끊어 다시는 쓰지 않는 것과 같다."

---

13) 응공(應供), 살적(殺賊), 불생(不生)의 세 가지 뜻이 있음. 소승 불교를 수행하는 제일 위의 지위. 곧 넷째 지위.
14) 불환(不還), 불래(不來)의 뜻이 있음. 욕계(欲界)에서 죽어 색계(色界)·무색계(無色界)에 나서 다시 욕계(欲界)로 돌아오지 않는다는 뜻. 소승 불교의 셋째 지위.
15) 욕계 육천(六天), 색계 십팔천(十八天), 무색계 구천(九天)이 있는데, 19천은 색계의 13천.
16) 일래(一來)의 뜻. 곧 인간계에 한 번 온다는 뜻. 소승 불교의 둘째 지위.
17) 예류(預流)의 뜻. 곧 처음으로 번뇌가 없는 도로 들어가는 지위. 다시는 삼악도(三惡道)에 떨어지지 않음. 소승 불교의 첫째 지위.

제2장

— 사문의 깨달음에는 네 가지 차별이 있으나 그 참된 이치에는 차별이 없음을 밝힘.

부처님은 말씀하셨다.

"집을 떠난 사문은 욕심을 끊고 애욕을 버려 자기 마음의 근원을 알고, 불도의 깊은 이치를 알아서 무위법을 깨달아, 안으로는 얻을 바가 없고 밖으로는 구하는 것이 없어, 마음은 도에도 얽매이지 않고 업(業)18)도 짓지 않으며, 생각도 없고 지음도 없으며, 닦는 것도 아니요, 증(證 : 깨달아 몸소 가짐)하는 것도 아니며, 모든 차례를 지나지 않고 스스로 가장 높음이 되니, 이것을 일러 도라 한다."

제3장

— 애욕을 버려 도를 이루는 방법을 밝힘.

부처님은 말씀하셨다.

"수염과 머리를 깎고 사문이 되어 부처님의 도를 받은 사람은 세상의 모든 재물을 버려 남에게 빌어 얻음으로써 만족해하고, 하루 한 번씩 낮에 먹으며 나무 밑에서 한 밤을 지나되, 부디 두 번을 삼가할 것이다. 사람의 마음을 덮어 어리석게 하는 것은 애착과 탐욕이니라."

---

18) 동작과 말과 생각의 활동 및 그의 세력.

제4장
— 사람의 착함과 악함이 오직 그의 업에 있음을 밝힘.

부처님은 말씀하셨다.

"중생은 열 가지 일로써 착하게 되고 열 가지 일로써 악하게 된다. 어떤 것이 열 가지 일인가? 몸의 세 가지·입의 네 가지·뜻의 세 가지이니, 몸의 세 가지란 산 목숨을 죽이는 것과 남의 물건을 훔치는 것과 남의 여자를 생각하는 것이요, 입의 네 가지란 양쪽 사람에게 다른 말을 쓰는 것과 남을 저주하고 꾸짖는 것과 참됨이 없는 거짓말을 쓰는 것과 이치에 맞지 않는 말을 꾸미는 것이요, 뜻의 세 가지란 성질이 비루하고 탐욕이 많아 남이 잘되는 것을 질투하는 것과 성질이 사납고 거칠어서 남을 미워해 성내는 것과 모든 일이나 이치에 어두워 깨닫지 못하는 어리석은 것이다. 이 열 가지 일은 성인의 도에 어긋나는 것이므로 열 가지 악한 행실이라 이름하니, 만일 이런 악한 행실을 그치면 곧 열 가지 착한 행실이 되는 것이다."

제5장
— 허물을 고쳐 착한 길로 나아가기를 권함.

부처님은 말씀하셨다.

"사람이 만일 많은 허물이 있으면서 스스로 뉘우치지 않고 그만 마음을 놓아 버리면 모든 허물이 그 몸으로 달려오기가,

마치 냇물이 바다로 돌아가 점점 깊고 넓게 되는 것과 같다. 그러나 만일 사람이 허물이 있어 스스로 그 잘못을 알아 악을 고쳐 착함을 행한다면, 죄가 스스로 없어지는 것은 마치 병자가 땀을 내어 차차 나아가는 것과 같다."

제6장
— 선은 능히 악을 이기고 악은 선을 부수지 못함을 밝힘.

부처님은 말씀하셨다.

"악한 사람이 착한 사람의 말을 듣고 일부러 와서 어지럽게 굴더라도, 너는 스스로 참고 견디어 그를 성내어 꾸짖지 말라. 그가 와서 너를 미워하는 것은 자기 스스로를 미워하는 것이니라."

제7장
— 위 제6장의 견디어 참는 본보기를 밝힘.

부처님은 말씀하셨다.

"어떤 사람이 있어 내가 도를 지켜 큰 인자(仁慈)를 행한다는 말을 듣고, 일부러 와서 나를 꾸짖고 욕했다. 그러나 내가 잠자코 대답하지 않았더니 그는 꾸짖기를 그치었다. 나는 그에게 물었다. '자네가 예물을 가지고 사람을 따랐으나 그 사람이 받지 않는다면 그 예물은 자네에게로 돌아갈 것인가?' '내게로 돌아 올 것입니다.'라고 그는 대답했다. '이제 자네가 나를 욕했지만 나는 그것을 받지 않았으니, 자네는 그 욕을 자네에게 돌린 것이다. 그것은 마치 메아리가 소리에 응하고 그림자가 형체를 따르는 것과 같아서 끝내 재앙을 면할 수 없으니, 삼가 악을 짓지 말라.'고 나는 말했다."

제8장
— 착한 사람을 해치는 죄악을 깊이 경계함.

부처님은 말씀하셨다.

"악한 사람이 어진 사람을 해치는 것은 마치 하늘을 우러러 침을 뱉는 것과 같아서 침은 하늘에 가지 않고 돌아와 자기에게 떨어질 것이요, 또 바람을 거슬러 티끌을 날리는 것과 같아서 티끌은 남에게 가지 않고 돌아와 자기에게 모일 것이니, 어진 이는 해칠 수 없는 것이요, 화는 반드시 자기를 멸한다."

제9장
― 수행의 바른 길을 밝힘.

부처님은 말씀하셨다.

"널리 들어 기억하고 도를 사랑하기만 한다면 도는 반드시 얻기 어려울 것이요, 뜻을 지켜 도를 받들면 그 도는 반드시 클 것이다."

제10장
― 남의 착한 일을 보고 마치 자기가 한 일처럼 따라서 기뻐하는 공덕을 밝힘.

부처님은 말씀하셨다.

"다른 사람의 도(道)의 보시(布施)[19]를 보고 이것을 도와 함께 기뻐하면 그 복은 매우 크다."

사문은 물었다.

"그러면 그 복은 다할 때가 있습니까?"

부처님은 대답하셨다.

"비유하건대 한 횃불과 같아서 수천백 사람이 횃불을 가지고 와서 그 불을 나누어 가서 음식을 익혀 먹거나 어둠을 밝히더라도 그 본디의 횃불은 변하지 않나니, 그 복 또한 이와 같으니라."

---

19) 사랑하는 마음으로 남에게 물건을 베푸는 것. 여기에는 재물을 주는 재시(財施)와 법을 일러 주어 남을 구제하는 법시(法施)의 두 가지가 있는데, 도시(道施)는 법시와 같다.

제11장
― 복전(福田)의 낫고 못함과 공양(供養)의 공덕을 밝힘.

부처님은 말씀하셨다.

"백의 악한 사람을 공양하는 것은 한 명의 착한 사람(세상에서 이르는)[20]을 공양하는 것보다 못하고, 착한 사람 천 명을 공양하는 것은 오계(五戒)[21]를 가지는 사람 한 명을 공양하는 것보다 못하며, 만 명의 오계를 가지는 사람을 공양하는 것은 한 명의 수타원을 공양하는 것보다 못하고, 백만 명의 수타원을 공양하는 것은 한 명의 사타함을 공양하는 것보다 못하며, 천만 명의 사타함을 공양하는 것은 한 명의 아나함을 공양하는 것보다 못하고, 1억의 아나함을 공양하는 것은 한 명의 아라한을 공양하는 것보다 못하며, 10억의 아라한을 공양하는 것은 한 명의 벽지불[22]을 공양하는 것보다 못하고, 백억의 벽지불을 공양하는 것은 한 명의 삼세 제불[23]을 공양하는 것보다 못하며, 천억의 삼세 제불을 공양하는 것은 한 명의 생각 없고(無念), 머무름 없고(無住), 닦음 없고(無修), 증함 없는(無證) 사람[24]을 공양하는

---

20) 세상에서 이르는 착한 사람은 세상을 뛰어넘을 줄 모름.
21) 불교도로서는 누구나 지켜야 할 다섯 가지 계율. 곧 산 목숨을 죽이지 말 것, 남의 물건을 훔치지 말 것, 남의 여자를 범하지 말 것, 거짓말 하지 말 것, 술을 마시지 말 것.
22) 연각(緣覺), 독각(獨覺)의 뜻. 곧 스승의 가르침을 받지 않고 사물의 인연으로 말미암아 깨달은 사람.
23) 과거, 현재, 미래의 모든 부처님.

것보다 못하느니라."

제12장
— 사람에게 스무 가지 어려움이 있음을 들어 권하고 경계함.

부처님이 말씀하셨다.

"사람에게는 스무 가지 어려움이 있다. 가난하고 궁해서는 보시하기 어렵고, 건장하고 귀해서는 도를 배우기 어려우며, 목숨을 버려 죽기를 기약하기는 어렵다. 부처님의 경전을 얻어 보기 어렵고, 살아서 부처님의 세상을 만나기 어렵다. 색(色)과 욕심을 참기 어렵고, 좋은 것을 보고 구하지 않기 어려우며, 욕을 당하고 성내지 않기 어렵다. 권세를 가지고 뽐내지 않기 어렵고, 일에 부딪혀 무심하기 어렵다. 널리 배워 두루 연구하기 어렵고, 아만(我慢)을 버리기 어려우며, 무식한 사람을 가벼이 여기지 않기 어렵다. 마음을 평등하게 쓰기 어렵고, 남의 옳고 그름을 말하지 않기 어렵다. 선지식(善知識)[25]을 만나기 어렵고, 자성(自性)을 보아 도를 배우기 어려우며, 사람을 따라 그대로 되어 구제하기 어렵고, 환경을 보고 움직이지 않기 어려우며,

---

24) 모든 법이 공(空)임을 알기 때문에 싫어하고 좋아함이 없고(無念), 그 때문에 생사나 열반에도 머물 것이 없으며(無住), 그 때문에 본래 깨끗하여 닦을 것이 없고(無修), 그 때문에 본래 갖추어 있어서 증할 것이 없음(無證). 곧 석가모니 부처님을 가리킴.

25) 불법을 말해서 사람으로 하여금 괴로움을 벗어나 도를 깨닫게 하는 사람.

방편(方便)26)을 잘 알기 어렵다."

제13장
― 숙명(宿命)과 지도(至道)의 관계를 밝힘.

사문이 부처님에게 물었다.
"어떠한 인연으로써 숙명27)을 알아서 지극한 도에 맞을 수 있습니까?"
부처님은 말씀하셨다.
"마음을 깨끗이 하고 뜻을 지키면 지극한 도에 맞을 수 있을 것이다. 마치 거울을 갈아 때(垢)가 없어지면 밝음만 있는 것과 같아서 욕심을 끊어 구함이 없으면 마땅히 숙명을 알 수 있다."

제14장
― 착한 것과 큰 것의 뜻을 밝힘.

사문이 부처님에게 물었다.
"어떤 것이 착한 것이며 어떤 것이 가장 큰 것입니까?"
부처님은 말씀하셨다.

---

26) 모든 중생의 성질을 따라 거기에 맞는 방법과 수단을 씀.
27) 과거의 생명, 곧 먼저 세상의 일.

"도를 행해서 참(眞 : 眞如)을 지키는 것이 착한 것이요, 뜻이 도(道)와 합하는 것이 큰 것이다."

제15장
― 힘이 많은 것과 가장 밝은 것의 뜻을 밝힘.

사문이 부처님에게 물었다.
"어떤 것이 힘이 많은 것이며 어떤 것이 가장 밝은 것입니까?"
부처님은 말씀하셨다.
"욕을 참는 것이 힘이 많은 것이니 악한 마음을 품지 않는 까닭이며, 거기에 편안한 마음과 씩씩한 몸을 겸하는 것이다. 또 참는 사람은 악한 마음이 없어서 반드시 사람의 존경을 받는다. 그리고 마음의 때가 다 멸하여 깨끗해서 더러움이 없는 것이 가장 밝은 것이니, 천지가 있기 전부터 오늘에 이르기까지, 시방(十方)[28]에 있는 것을 보지 않는 것이 없고, 알지 못하는 것이 없으며, 듣지 않는 것이 없어 일체지(一切智)[29]를 얻는 것이니 이것이 밝음이니라."

---

28) 사방과 사유(四維)와 상하. 곧 온 공간.
29) 일체의 법의 궁극을 아는 지혜.

제16장
― 애욕을 버리고 참된 도를 보기를 권함.

부처님은 말씀하셨다.

"사람이 애욕을 품어 도를 보지 못하는 것은, 마치 맑고 고요한 물을 손으로 휘저어서 여러 사람이 거기에 다다라도 그 그림자를 보지 못하는 것과 같다. 사람이 애욕으로써 엇걸려 뒤섞이면 그 마음은 흐리고 어지러워지니, 그러므로 도를 보지 못한다. 너희 사문은 마땅히 애욕을 버려라. 애욕의 때가 없어지면 도를 볼 수 있다."

제17장
― 무명(無明)은 자성(自性)이 없어서 도를 보면 곧 없어짐을 밝힘.

부처님은 말씀하셨다.

"대개 도를 보는 사람은, 마치 횃불을 가지고 어두운 방안에 들어가면 어두움은 곧 없어지고 밝음만 홀로 있는 것과 같다. 도를 배워서 진리를 보면 무명30)은 곧 없어지고 밝음만 항상 있을 것이다."

---

30) 불교의 진리를 모르는 것. 진여(眞如)에 대한 지혜가 없는 것. 일과 이치에 어두움.

제18장

─ 불법은 생각(念)과 행동(行)과 말(言)과 닦음(修)이 모두 있음과 없음을 초월했음을 밝힘.

부처님은 말씀하셨다.

"내 법은 생각함이 없는 생각(집착이 없는 생각)을 생각하고, 행함이 없는 행동(집착이 없는 행동)을 행하며, 말함이 없는 말(집착이 없는 말)을 말하고, 닦음이 없는 닦음(집착이 없는 닦음)을 닦는 것이다. 그러므로 아는 사람은 일일이 바로 가깝지만 모르는 사람은 갈수록 아득히 멀 뿐이다. 무어라 말할 길이 끊어졌으며 모든 사물에 걸릴 것이 없나니 이것에 어긋나기도 가을털이요, 이것을 잃기도 잠깐이니라."

제19장

─ 오직 심식(心識)으로 자세히 관찰해서 거짓을 버리고 참을 가질 것을 밝힘.

부처님은 말씀하셨다.

"천지를 관(觀)[31]해서 비상(非常:無常)을 생각하고, 세계를 관해서 비상을 생각하며, 영각(靈覺:마음)을 관해서 곧 보리(菩提)[32]로 생각하라. 이렇게 알아차리면 도를 얻기 빠를 것이다."

---

31) 고요한 마음으로 지혜를 써서 사물을 자세히 식별하는 것.
32) 도(道), 각(覺), 지(智)의 뜻. 부처님의 바른 깨달음의 지혜. 혹은 부처님의 바른 지혜를 얻기 위해 닦아야 할 길.

제20장
— '나'가 없음을 밝힘.

부처님은 말씀하셨다.

"마땅히 내 몸 가운데의 사대(四大)33)는 각기 제 이름만 있어서 도무지 '나'는 없다고 생각하라. '나'가 이미 도무지 없거늘 그것은 환(幻)34)과 같은 것이다."

제21장
— 명예는 구할 것이 못 된다는 것을 밝힘.

부처님은 말씀하셨다.

"사람들은 정욕을 따라 좋은 명예를 구하지만, 좋은 명예가 들리자마자 몸은 벌써 죽고 만다. 세상의 떳떳한 이름을 탐해서 도를 배우지 않고 공(功)을 굽혀 몸을 괴롭히는 것은, 마치 향을 불살라 사람들이 그 향 냄새를 맡기는 하지만 향은 벌써 재가 되는 것과 같다. 몸을 위태하게 하는 불은 그 뒤(이름의 뒤)에 있다."

---

33) 물질을 이루는 네 원소. 곧 지(地)·수(水)·화(火)·풍(風)을 이름. 땅은 단단한 것, 물은 불리는 것, 불은 따뜻한 것, 바람은 움직이는 것.
34) 없으면서 문득 나타나는 영상. 실체도 자성도 없으면서 이름만 있는 것.

제22장
― 재물과 색(色)의 해가 큼을 밝힘.

부처님은 말씀하셨다.
"재물과 색이 사람에 있어서, 사람이 그것을 버리지 못하는 것은 마치 칼날 끝에 꿀이 있는 것과 같아서, 한 번 빨아먹는 맛에도 모자라건마는 어린애가 그것을 핥을 때는 곧 혀를 베일 근심이 있는 것이다."

제23장
― 처자나 가옥의 번뇌를 밝힘.

부처님은 말씀하셨다.
"사람이 처자나 사택(舍宅 : 가정)에 얽매이는 것은 감옥에 갇히는 것보다 더하니, 감옥은 사람을 풀어 놓을 기한이 있지만, 처자는 멀리 떠날 생각조차 없는 것이다. 정과 사랑은 색에 있어서 그 허덕임을 꺼릴 줄 모르니, 비록 호랑이 아가리의 걱정이 있더라도 거기에 마음을 두어 즐거이 엎드려서 스스로 진흙에 몸을 던져 빠지는구나. 그러므로 범부라고 이르니, 만일 이 문(門 : 처자와 가정)을 뚫고 나올 수 있다면 그는 티끌을 뛰어넘은 나한(羅漢 : 아라한)이니라."

제24장
— 색욕이 중생의 가장 큰 병임을 밝힘.

부처님은 말씀하셨다.
"모든 애욕 가운데 색만한 것이 없으니, 색의 욕심은 그 크기가 없다. 그러나 다행히 그것이 하나뿐이었기에 망정이지, 만일 그와 같은 것이 둘 있었더라면 이 천하의 사람으로 능히 도를 닦을 사람은 한 사람도 없었을 것이다."

제25장
— 애욕을 가까이하지 말 것을 밝힘.

부처님은 말씀하셨다.
"애욕은 사람에게 마치 횃불을 잡고 바람을 거슬러가는 것과 같아서, 반드시 손을 태울 환(患)이 있다."

제26장
— 부처님이 애욕을 멀리한 본보기를 보임.

천신(天神 : 악마의 왕 파순)이 옥녀(玉女)를 부처님에게 바쳐서 부처님의 뜻을 부수려고 했을 때에 부처님은 말씀하셨다.
"가죽 부대에 온갖 더러움을 가진 이여, 너는 무엇 하러 왔느냐? 물러가라, 내게는 쓸데없노라."

천신은 부처님을 더욱 공경하여 이내 도의 뜻을 물었다. 부처님이 그를 위해 말씀해 주었더니, 그는 곧 수타원의 과(果)를 얻었다.

제27장
― 도를 닦기 위해서는 먼저 모든 장애를 떠나야 함을 밝힘.

부처님은 말씀하셨다.

"대개 도를 닦는 사람은 마치 나무가 물에 있어서 흐름을 따라 흘러가는 것과 같다. 양쪽 기슭에도 걸리지 않고, 사람에게 잡히거나 귀신에게 막히지도 않으며, 소용돌이에 빠지지도 않고, 썩지도 않으면, 나는 이 나무가 틀림없이 바다에 들어갈 것을 보장하리라. 도를 배우는 사람도 이와 같아 정욕에도 빠지지 않고, 뭇 사된 일에도 어지러워지지 않으며, 오로지 힘을 다해 무위(無爲)로 나아간다면, 나는 이 사람이 반드시 도를 얻을 것을 보장하리라."

제28장
— 믿지 못할 범부의 마음과 색의 화를 밝힘.

부처님은 말씀하셨다.

"삼가 너의 뜻을 믿지 말라. 너의 뜻은 믿을 수 없는 것이다. 삼가 색과 만나지 말라. 색을 만나면 곧 화가 생긴다. 아라한이 된 뒤에라야 너의 뜻을 믿을 수 있을 것이다."

제29장
— 여색을 멀리하여 허물을 막고 착함으로 나아가는 방법을 밝힘.

부처님은 말씀하셨다.

"여색(女色)을 삼가 보지 말고 또한 그런 이야기도 하지 말라. 만일 여자와 이야기할 때는 마음을 바루어 '내가 사문이 되어 이 흐린 세상에 살아가기는, 마땅히 연꽃이 더러운 진흙에 물들지 않는 것과 같아야 한다.'고 생각하라. 그래서 늙은 여자는 어머니와 같이 생각하고, 나이 많은 이는 누이와 같이 생각하며, 나이 적은 이는 누이동생과 같이 생각해서, 그를 죄악에서 구제할 마음을 내면 악한 생각은 쉬어 없어질 것이다."

제30장
― 모든 욕심을 멀리해서 그 해를 입지 말 것을 밝힘.

부처님은 말씀하셨다.

"대개 도를 닦는 사람은 마른풀을 가진 것과 같아서 불이 오면 마땅히 피해야 하니, 도인도 욕심을 보거든 마땅히 멀리할 것이다."

제31장
― 욕심을 끊으려면 먼저 마음을 끊을 것을 밝힘.

부처님은 말씀하셨다.

"어떤 사람이 음욕이 그치지 않는 것을 걱정해서 자기의 생식기를 끊고자 했다. 그러자 부처님은 그에게 일렀다.

"생식기를 끊는 것은 그 마음을 끊는 것만 못하다. 마음은 공조(功曹)[35]와 같은 것이니, 만일 공조가 그치면 모든 따르는 사람도 그치겠지만, 사(邪)된 마음이 그치지 않으면 생식기를 벤들 무슨 유익이 있겠는가?"

그리고 부처님은 그를 위해서 게(偈)[36]를 읊었다.

"욕심은 너의 뜻에서 생기고, 너의 뜻은 사상(思想)[37]으로써

---

35) 군(郡)의 녹사(錄事). 안팎의 일을 맡아 다스리는 벼슬.

36) 불교의 시.

37) 사(思)는 조작의 성질. 상(想)은 집착의 성질.

생기니, 두 마음(思와 想)이 각각 고요해지면 모든 색(色)38)은 색이 아니요, 모든 행(行)39)도 행이 아니다."

다시 부처님은 말씀하셨다.

"이 게는 가섭불(迦葉佛)40)의 말씀이다."

제32장
― 걱정과 두려움은 사랑으로 말미암아 생김을 밝힘.

부처님은 말씀하셨다.

"사람이 사랑과 욕심을 좇아 걱정이 생기고 걱정을 좇아 두려움이 생기니, 만일 사랑을 떠나 버리면 무엇을 걱정하고 무엇을 두려워하겠는가?"

제33장
― 도를 닦는 사람은 계(戒)·정(定)·혜(慧)를 갖출 것을 밝힘.

부처님은 말씀하셨다.

"대개 도를 닦는 사람은 마치 한 사람이 만 사람과 더불어 싸

---

38) 변하는 모든 물질.
39) 모든 유위법(有爲法). 곧 생멸변화하는 모든 것.
40) 과거 일곱 부처님 중의 한 분. 또 석가불의 제자.

우는 것과 같으니, 갑옷을 입고 문을 나서자 그만 겁이 나서 뜻이 약해지는 수도 있고, 혹은 반쯤 가서 물러나는 수도 있으며, 혹은 맞붙어 싸우다가 죽는 수도 있고, 혹은 이겨서 돌아오는 수도 있다. 사문이 도를 배울 때에는 마땅히 그 마음을 굳게 가져서 힘써 나아가 용맹하고 날래며, 앞 경계를 두려워하지 않고 모든 악마를 쳐부수어야만 도의 열매를 얻을 것이다."

제34장
― 도를 배우되 중도(中道)를 따라야 할 것을 밝힘.

사문이 밤에 가섭불의 「유교경(遺敎經)」을 읽는데, 그 소리가 슬프고 바빠서 마치 뉘우쳐 물러서기를 생각하는 것 같았다. 부처님은 그에게 물었다.

"너는 옛날, 집에 있을 때에 무엇을 직업으로 하고 있었느냐?"

그가 대답했다.

"거문고 타기를 좋아했습니다."

"줄이 느슨하면 어떻던가?"

"소리가 나지 않았습니다."

"줄을 아주 조이면 어떻던가?"

"소리가 끊어졌습니다."

"줄의 늦춤과 조임이 알맞으면 어떻던가?"

"여러 소리가 골랐습니다."

"사문이 도를 배움에도 또한 그러한 것이다. 마음이 만일 고르고 알맞으면 도를 얻을 수 있겠지만, 만일 너무 사납게 가지면 곧 몸이 피곤할 것이요, 몸이 피곤하면 마음이 곧 괴로울 것이요, 마음이 만일 괴로우면 행실이 곧 뒷걸음을 칠 것이요, 행실이 이미 뒷걸음을 친다면 죄는 반드시 더해 갈 것이다. 오직 마음과 몸이 맑고 편안해야만 도를 잃지 않을 것이다."

제35장
―더러움(번뇌)을 버려야 할 것을 밝힘.

부처님은 말씀하셨다.
"사람이 쇠를 단련할 때에 못 쓸 쇠붙이를 버린 뒤에 그릇을 만들면 그 그릇이 정(精)하고 좋은 것과 같아서, 도를 배우는 사람도 마음의 더러움을 버린 뒤에라야 그 행실이 곧 맑고 깨끗할 것이다."

제36장
―아홉 가지의 어려운 일을 밝혀 사람을 깨우침.

부처님은 말씀하셨다.

"사람이 악도(惡道 : 악취)⁴¹⁾를 떠나 사람으로 태어나기가 어렵고, 이미 사람이 되었어도 여자를 버리고 남자 되기가 어려우며, 이미 남자가 되었어도 육근(六根)⁴²⁾을 완전히 갖추기가 어렵고, 육근을 갖추었어도 중국에 태어나기가 어려우며, 이미 중국에 났어도 부처님의 세상을 만나기 어려우며, 이미 부처님 세상을 만났어도 도인을 만나기 어렵고, 이미 도인을 만났어도 신앙하는 마음을 일으키기 어려우며, 이미 신앙하는 마음을 일으켰어도 보리심(菩提心)을 내기 어렵고, 이미 보리심을 내었어도 닦음도 없고 증(證)함도 없기 어려우니라."

제37장
— 계율의 중함을 밝힘.

부처님은 말씀하셨다.

"불자(佛子)가 내게서 수천 리를 떠나 있더라도 내 계율을 항상 생각하면 반드시 도의 결과를 얻을 수 있겠지만, 내 좌우에 붙어 있어서 항상 나를 보더라도 내 계율을 좇지 않으면 마침내 도를 얻지 못할 것이다."

---

41) 악한 일을 함으로 말미암아 장차 태어날 곳. 삼악도(지옥, 아귀, 축생), 사악도(아수라를 보탬), 오악도(삼악도에 인간, 천상을 보탬) 등이 있음.
42) 안근(眼根)·이근(耳根)·비근(鼻根)·설근(舌根)·신근(身根)·의근(意根)을 말함. 곧 육관(六官)을 말함.

사십이장경 327

제38장
—사람의 목숨은 떳떳함이 없어 믿지 못할 것임을 밝힘.

부처님이 사문에게 물었다.
"사람의 목숨이 얼마 동안에 있느냐?"
사문이 대답했다.
"며칠 사이에 있습니다."
"자네는 아직 도를 모른다."
하시고, 부처님은 다시 한 사문에게 물었다.
"사람의 목숨이 얼마 동안에 있느냐?"
"밥 먹는 사이에 있습니다."
"자네는 아직 도를 모른다."
하시고, 부처님은 다시 다른 사문에게 물었다.
"사람의 목숨이 얼마 동안에 있느냐?"
"숨쉬는 사이에 있습니다."
"착하다. 자네는 도를 안다."
고 부처님은 말씀하셨다.

제39장
—모든 경전은 마땅히 믿어 좇아야 할 것임을 밝힘.

부처님은 말씀하셨다.
"불도를 배우는 사람은 부처님의 말씀한 바를 마땅히 모두 믿어 좇아야 할 것이다. 그것은 마치 벌꿀을 먹으면 복판이나 가가 모두 단 것과 같으니, 내 경전 또한 그러하니라."

제40장
― 도를 행하는 것은 마음에 있는 것이요, 외형에 있는 것이 아님을 밝힘.

부처님은 말씀하셨다.
"사문은 도를 행하기를 마우(磨牛)와 같이 하지 말라. 몸은 비록 도를 행하나 마음의 도는 행하지 않는 것이니, 만일 마음의 도만 행한다면 다시 무슨 도를 행할 것이 있겠는가?"

제41장
― 곧은 마음으로 항상 도를 생각할 것을 밝힘.

부처님은 말씀하셨다.
"대개 도를 닦는 사람은, 마치 무거운 짐을 진 소가 깊은 진흙탕을 걸어갈 때에, 피로가 지극해지면 어느 겨를에 좌우를 돌아보지도 못하다가 진흙탕을 벗어나서야 비로소 숨을 돌리는 것과 같으니, 사문은 마땅히 관(觀)하라. 정욕은 진흙탕보다 더한 것이니, 곧은 마음으로 항상 도를 생각하여야 괴로움을 면할 수 있다."

제42장
― 부처님의 눈은 모든 것을 평등하게 봄을 밝힘.

부처님은 말씀하셨다.

"나는 왕후의 지위를 문틈을 지나가는 티끌과 같이 보고, 금이나 옥 같은 보배를 기와 조각과 같이 보며, 하얗게 바랜 비단옷을 해어진 비단옷같이 보고, 대천세계(大千世界)⁴³⁾를 계자(芥子) 알 하나같이 보며, 아뇩지(阿耨池)⁴⁴⁾의 물을 발에 바르는 기름과 같이 보고, 방편문(方便門)을 화보취(化寶聚)와 같이 보며, 무상승(無上乘)⁴⁵⁾을 꿈속의 금이나 비단같이 보고, 부처의 도를 눈앞에서 나는 허공의 꽃과 같이 보며, 선정(禪定)을 수미산(須彌山)⁴⁶⁾ 기둥과 같이 보고, 열반⁴⁷⁾을 아침 저녁으로 깨어 있는 것과 같이 보며, 도정(倒正)⁴⁸⁾을 육룡(六龍)⁴⁹⁾의 춤과 같이 보고,

---

43) 대삼천세계(大三千世界)의 다른 이름. 불교의 천문학으로서 수미산을 중심으로 사방에 사대주(四大洲)가 있고, 그 둘레에 큰 철위산(鐵圍山)이 둘려 있다고 하여 이것을 한 세계라 하고, 이 세계를 천 개 모아 한 소천세계(小千世界)라 하며, 소천세계 천 개를 모아 중천세계(中千世界)라 하고, 중천세계 천 개를 모아 한 대천세계라고 한다.

44) 아뇩달지라고도 함. 못(池)의 이름. 뜨거운 번뇌가 없다는 뜻. 또는 맑고 시원하다는 뜻. 히말라야 산중에 있다고 함.

45) 위 없는 진리, 곧 열반을 얻는 법의 문.

46) 세계의 한복판 지륜(地輪) 위에 솟아 있는 높은 산. 묘고산(妙高山)이라고도 함.

47) 적멸(寂滅), 멸도(滅度)라는 뜻. 무위(無爲), 무작(無作), 무생(無生)이라고도 함. 불교 최종의 이상.

평등을 일진지(一眞地)50)와 같이 보며, 흥화(興化)51)를 사시의 나무와 같이 본다."

---

48) 도를 배반하고 번뇌와 합하는 것과, 번뇌를 배반하고 도와 합하는 것.
49) 옛날, 천자가 타는 수레에 꾸미던 여섯 마리의 말.
50) 일진여지(一眞如地), 진여는 우주 만유에 두루해 있는 변하지 않는 본체. 진실여상(眞實如常 : 참되고 떳떳함)의 뜻.
51) 교화를 일으킴.

佛說四十二章經

　　世尊成道已，作是思惟，離欲寂靜，是最爲勝．住大禪定，降諸魔道，於鹿野苑中，轉四諦法輪，度憍陳如等五人，而證道果．

　　復有比丘，所說諸疑，陳佛進止，世尊教詔，一一開悟，合掌敬諾，而順尊敕．

　　佛言，辭親出家爲道，名曰沙門，常行二百五十戒，爲四眞道，行進志淸淨，成阿羅漢，阿羅漢者，能飛行變化，住壽命，動天地，次爲阿那含，阿那含者，壽終魂靈，上十九天，於彼得阿羅漢，次爲斯陀含，斯陀含者，一上一還，卽得阿羅漢，次爲須陀洹，須陀洹者，七死七生，便得阿羅漢，愛欲斷者，譬如四支斷，不復用之．

　　佛言，出家沙門者，斷欲去愛，識自心源，達佛深理，悟佛無爲，內無所得，外無所求，心不繫道，亦不結業，無念無作，無修無證，不歷諸位而自崇最，名之爲道．

　　佛言，剃除鬚髮，而爲沙門，受佛法者，去世資財，乞求取足，日中一食，樹下一宿，愼勿再矣．使人愚蔽者，愛與欲也．

　　佛言，衆生以十事爲善，亦以十事爲惡．何者爲十，身三口四意三，身三者，殺盜婬，口四者，兩舌惡罵妄言綺語．意三者，嫉・癡．如是十事，不順聖道，名十惡行，是惡若止，名十善行．

　　佛言，人有衆過，而不自悔，頓息其心，罪來赴身，如水歸海，漸成深廣．若人有過，自解知非，改惡行善，罪自消滅，如病得汗，漸有痊損耳．

　　佛言，惡人聞善，故來攪亂者，汝自禁息，當無瞋責．彼來惡者，而自惡之佛言, 有人聞吾守道 行大仁慈, 故致罵佛, 佛默不對, 罵止, 問曰, 子以禮從人, 其人不納, 禮歸子乎, 對曰, 歸矣. 佛言, 今子罵我, 我今不納, 子自持禍, 歸子身矣, 猶響應聲, 影之隨形, 終無免離, 慎勿爲惡.

佛言, 惡人害賢者, 猶仰天而唾, 唾不至天, 還從己墮. 逆風揚塵, 塵不至彼, 還坌己身, 賢不可毀, 禍必滅己.

佛言, 博聞愛道, 道必難會, 守志奉道, 其道甚大.

佛言, 覩人施道, 助之歡喜, 得福甚大. 沙門問曰, 此福盡乎, 佛言, 譬如一炬之火, 數千百人, 各以炬來, 分取熟食除冥, 此炬如故, 福亦如之.

佛言, 飯惡人百, 不如飯一善人, 飯善人千, 不如飯一持五戒者, 飯五戒者萬, 不如飯一須陀洹, 飯百萬須陀洹, 不如飯一斯陀含, 飯千萬斯陀含, 不如飯一阿那含, 飯一億阿那含, 不如飯一阿羅漢, 飯十億阿羅漢, 不如飯一辟支佛, 飯百億辟支佛, 不如飯一三世諸佛, 飯千億三世佛, 不如一無念無住無修無證之者.

佛言, 人有二十難, 貧窮布施難, 豪貴學道難, 棄命必死難, 得覩佛經難, 生値佛世難, 忍色忍欲難, 見好不求難, 被辱不瞋難, 有勢不臨難, 觸事無心難, 廣學博究難, 除滅我慢難, 不輕未學難, 心行平等難, 不說是非難, 會善知識難, 見性學道難, 隨化度人難, 覩境不動亂難, 善解方便難.

沙門問佛, 以何因綠, 得知宿命, 會其至道, 佛言, 淨心守志, 可會至道. 譬如磨鏡, 垢去明存, 斷欲無求, 當得宿命.

沙門問佛, 何者爲善, 何者最大, 佛言, 行道守眞者善, 志與道合者大.

沙門問佛, 何者多力, 何者最明. 佛言, 忍辱多力, 不懷惡故, 兼加安健, 忍者無惡, 必爲人尊, 心垢滅盡, 淨無瑕穢, 是爲最明. 未有天地, 逮于今日, 十方所有, 無有不見, 無有不知, 無有不聞, 得一切智, 可謂明矣.

佛言, 人懷愛欲, 不見道者, 譬如澄水, 致手攪之, 衆人共臨, 無有覩其影者, 人以愛欲交錯, 心中獨興, 故不見道. 汝等沙門, 當捨愛欲, 愛欲垢盡, 道可見矣.

佛言, 夫見道者, 譬如持炬 入冥室中, 其冥卽滅, 而明獨存. 學道見諦, 無明卽滅, 而明常存矣.

佛言, 吾法, 念無念念, 行無行行, 言無言言, 修無修修, 會者近爾, 迷者遠乎, 言語道斷, 非物所拘, 差之毫釐, 失之須臾.

佛言, 觀天地, 念非常, 觀世界, 念非常, 觀靈覺, 卽菩提. 如是知識, 得道疾矣.

佛言, 當念身中四大, 各自有名, 都無我者, 我旣都無, 其如幻耳.

佛言, 人隨情欲, 求於聲名, 聲名顯著, 身己故矣. 貪世常名, 而不學道, 枉功勞形. 譬如消香, 雖人聞香, 香之燼矣. 危身之火, 而在其後.

佛言, 財色於人, 人之不捨, 譬如刀刃, 有蜜不足一湌之美, 小兒舐之, 則有割舌之患.

佛言, 人繫於妻子舍宅, 甚於牢獄, 牢獄有散釋之期, 妻子無遠離之念, 情愛於色, 豈憚驅驅. 雖有虎口之患, 心存甘伏, 沒泥自溺, 故曰凡夫, 透事此門, 出塵羅漢.

佛言, 愛欲莫甚於色, 色之爲欲, 其大無外, 賴有一矣, 若使二同, 普天之人, 無能爲道者壞.

佛言, 愛欲之人, 猶如執炬, 逆風而行, 必有燒手之患.

天神獻玉女於佛, 欲壞佛意. 佛言, 革囊衆穢, 爾來何爲, 去, 吾不用. 天神兪敬, 因問道意, 佛爲解說, 卽得須陀洹果.

佛言, 夫爲道者, 猶木在水, 尋流而行, 不觸兩岸, 不爲人取, 不爲鬼神所遮, 不爲洄流所住, 亦不腐敗, 吾保此木, 決定入海. 學道之人, 不爲情欲所惑, 不爲衆邪所嬈, 精進無爲, 吾保此人, 必得道矣.

佛言, 愼勿信汝意, 汝意不可信, 愼勿與色會, 色會卽禍生. 得阿羅漢己, 乃可信汝意.

佛言, 愼勿視女色, 亦莫共言語. 若與語者, 正心思念, 我爲沙門, 處于濁世, 當如蓮花, 不爲泥汙. 想其老者如母, 長者如姊, 少者如妹, 稚者如子, 生度脫心, 息滅惡念.

佛言, 夫爲道者, 如彼乾草, 火來須避. 道人見欲, 必當遠之.

佛言, 有人患淫不止, 欲自除陰. 佛謂之曰, 若斷其陰, 不如斷心, 心如功曹, 功曹若止, 從者都息. 邪心不止, 斷陰邪盆. 佛爲說偈, 欲生於汝意, 意以思想生, 二心各寂靜, 非色亦非行. 佛言, 此偈, 是迦葉佛說.

佛言, 人從愛欲生憂, 從憂生怖, 若離於愛, 何憂何怖.

佛言, 夫爲道者, 譬如一人, 與萬人戰, 挂鎧出門, 意或怯弱, 或半路而退, 或格鬪而死, 或得勝而還, 沙門學道, 應當堅持其心, 精進勇銳, 不畏前境, 破滅衆魔, 而得道果.

沙門, 夜誦迦葉佛遺教經, 其聲悲緊, 思悔欲退. 佛問之曰, 汝昔在家, 曾爲何業對曰, 愛彈琴. 佛言, 絃緩如何. 對曰, 不鳴矣. 絃急如何, 對曰, 聲絶矣. 急緩得中如何. 對曰, 諸音普矣. 佛言, 沙門學道亦然, 心若調適, 道可得矣. 於道若暴, 行卽身疲, 其身若疲, 意卽生惱, 意若生惱, 行卽退矣. 其行旣退, 罪必加矣. 但淸淨安樂, 道不失矣.

佛言, 如人鍛鐵, 去滓成器, 器卽精好. 學道之人, 去心垢染, 行卽淸淨矣.

佛言, 人離惡道, 得爲人難, 旣得爲人, 去女卽男難, 旣得爲男, 六根完具難, 六根旣具, 生中國難, 旣生中國, 値佛世難, 旣値佛世, 遇道者難, 旣得遇道, 興信心難, 旣興信心, 發菩提心難, 旣發菩提心, 無修無證難.

佛言, 佛子, 離吾數千里, 憶念吾戒, 必得道果, 在吾左右, 雖常見吾, 不順吾戒, 終不得道.

佛問沙門, 人命在幾間, 對曰, 數日間. 佛言, 子未知道. 復問一沙門, 人命在幾間, 對曰, 飯食間, 佛言, 子未知道. 復問一沙門, 人命在幾間, 對曰, 呼吸間, 佛言, 善哉. 子知道矣.

佛言, 學佛道者, 佛所言說, 皆應信順. 譬如食蜜, 中邊皆恬, 吾經亦爾.

佛言, 沙門行道, 無如磨牛, 身雖行道, 心道不行. 心道若行, 何用行道.

佛言, 夫爲道者, 如牛負重, 行深泥中, 疲極, 不敢左右顧視, 出離淤泥, 乃可蘇息. 沙門, 當觀情欲, 甚於淤泥, 直心念道, 可免苦矣.

佛言, 吾視王侯之位, 如過隙塵. 視金玉之寶, 如瓦礫. 視紈素之服, 如弊帛. 視大千界, 如一訶子. 視阿耨池水, 如塗足油. 視方便門, 如化寶聚. 視無上乘, 如夢金帛. 視佛道, 如眼前花. 視禪定, 如須彌柱. 視涅槃, 如晝夕寤. 視倒正, 如六龍舞. 視平等, 如一眞地. 視興化, 如四時木.

불유교경

佛遺教經

1. 서분(序分)

석가모니 부처님께서 처음으로 법륜(法輪)을 굴려 아냐교진여(阿若憍陳如)를 건지시고, 최후의 설법으로 수발타라(須跋陀羅)[1]를 건지시니, 건질 수 있는 사람은 이미 다 건지셨다. 그래서 사라쌍수(娑羅雙樹) 사이에서 장차 열반에 들려 하시니, 때는 한밤중이라 사방은 고요하여 아무 소리도 없었는데, 제자를 위해 법(法)의 요긴한 점을 대강 말씀하셨다.

2. 정종분(正宗分 : 本論)

(1) 사업(邪業)을 대치(對治)하는 법

1) 근본 청정계를 밝힘

너희 비구여, 내가 죽은 뒤에는 마땅히 파라제목차(波羅提木叉)[2]를 존중하고 공경하기를 어둠 속에서 빛을 만난 듯, 구차한 사람이 보물을 얻은 것같이 하라. 마땅히 이것을 알면 이것은 곧 너희의 큰 스승이요, 내가 세상에 살아 있더라도 이것과 다름이 없는 것이다.

---

1) 호현(好賢)이라는 뜻. 그 때의 외도(外道)의 사람 이름.
2) 해탈의 뜻으로서 계율을 말함.

2) 방편으로 세상을 멀리 떠나 청정하라는 계(戒)를 밝힘

깨끗한 계율(戒律)을 가지는 사람은, 물건의 사고 팔기나 무역(貿易)을 하지 말고, 집이나 논밭을 마련하지 말며, 사람(권속)이나 종이나 짐승을 기르지 말며, 모든 종식(種植) 및 모든 재물을 멀리하기를 불구덩을 피하듯 하고, 또 초목을 베거나 토지를 개간하지 말며, 약을 만들거나 사람의 길흉을 점치거나 하늘의 별을 점치거나 세상의 흥망을 점치거나 수(數)를 놓아 맞히는 일들을 하지 말고, 몸을 바로 갖고 때를 정해 먹으며 깨끗이 스스로 힘써 살아, 세상일에 참여하여 천한 일을 가벼이 보거나 주술(呪術)을 부리거나 선약(仙藥)을 구하지 말며, 귀인(貴人)을 사귀어 친한 사람을 업신여기지 말며, 마땅히 자기 마음을 단정히 하고 바른 생각으로 남을 구제하고, 또 자기의 허물을 숨기거나 이상한 행동으로 남을 의혹시키지 말며, 네 가지 공양(四供養 : 음식, 의복, 침구, 의약)에 분량을 알고 만족할 줄 알고, 받는 공양은 쌓아 두지 말지니라.

3) 계율은 모든 공덕을 낳음을 밝힘

이상은 계율을 가지는 모양을 대강 말한 것이니, 계는 이 바르고 순(順)한 해탈(解脫)[3]의 근본이라. 그러므로 파라제목차라고 이름한다. 이 계를 의지하면 모든 선정(禪定)과 고(苦)를 없애는 지혜를 낼 수 있을 것이다.

---

3) 번뇌의 속박을 벗어나 자유의 경계에 이름을 말함.

4) 계를 가지기를 권해서 그 이익을 말함

그러므로 비구는 마땅히 깨끗한 계를 가져 이지러짐이 없게 하라. 만일 사람이 깨끗한 계를 가지면 좋은 법(法)을 가질 수 있겠지만, 깨끗한 계가 없으면 모든 좋은 공덕이 생길 수 없느니라. 그러므로 마땅히 알라. 계는 제일 안온(安穩)한 공덕이 머무는 곳임을!

(2) 괴로움을 대치하는 법

1) 근(根 : 감각 기관)의 방일4)의 괴로움을 다스리는 법

너희 비구는, 이미 계에 머물게 되거든 마땅히 오근(五根 : 五官 곧 눈, 귀, 코, 혀, 몸)을 제어하여, 그것을 방일시켜 오욕(五欲 : 빛, 소리, 냄새, 맛, 부딪침)에 들어가지 말게 하라. 마치 소치는 사람이 막대기를 쥐고 단속해서, 소로 하여금 날뛰어 남의 곡식을 먹지 못하게 하는 것과 같다. 만일 오근을 제대로 놓아 버리면 한갓 오욕뿐이 아니라 그의 가는 곳은 끝이 없어서 도무지 제어할 수 없을 것이다. 또한 그것은 사나운 말과 같아서 굳게 재갈을 채우지 않으면 마침내는 사람을 끌어다 흙구덩에 처박을 것이다. 도둑의 침해를 당하면 그 괴로움이 일생에 그치지만 오근의 도둑의 화(禍)는 그 재앙이 여러 생에 미치어, 그 해는 지극히 무거울 것이니 삼가지 않아서는 안 될 것이다. 그러므로 지혜 있는 삶은 그것을 제어해서 그것을 따르지 않고, 그것을

---

4) 제 마음대로 함부로 노는 것.

붙들기를 도둑과 같이 해서 함부로 날뛰도록 놓아 주지 않는다. 가령 놓아 주더라도 오래지 않아 그것은 모두 닳아 없어질 것이다.

2) 욕심의 방일의 괴로움을 다스리는 법

이 오근도 그 주인은 마음이니라. 그러므로 너희는 마땅히 그 마음을 제어하라. 마음이 두렵기는 독사나 악수(惡獸)나 원적(怨賊)보다 더해서, 큰 불길이 넘쳐 일어나는 것도 그것에 비길 바가 못 된다. 마치 그것은, 꿀 그릇을 손에 든 사람이 이리저리 까불고 날뛰면서 오직 꿀만 보고 깊은 구덩이를 보지 못하는 것과 같다. 또 그것은 마치 미친 코끼리가 고삐가 없고, 큰 원숭이가 나무를 만나서 이리 뛰고 저리 날치어 제어하기 어려움과 같으니, 마땅히 빨리 그것을 바로잡아 방일하지 못하게 할지니라. 이 마음을 놓아 버리면 모든 착한 일을 잃어버리게 하지만, 그것을 한곳에 모아 두면 이루지 못할 일이 없다. 그러므로 비구는 마땅히 부지런히 힘써 나아가 마음을 항복받아야 할 것이다.

3) 많이 먹는 괴로움을 다스리는 법

너희 비구는 모든 음식을 받았을 때에 마땅히 약을 먹는 듯이 하고, 좋고 나쁜 것을 따라 더하고 덜하지 말며, 몸을 유지하고 주림과 목마름을 없애는 데에 맞도록 하라. 마치 꿀벌이 꽃을 지날 때에 오직 그 맛만을 취하고 그 빛깔이나 향기는 해치지 않는 것과 같이 비구도 그러하여, 남의 공양을 받을 때에는 오직 괴로움을 없애기에 맞도록 하고 함부로 많은 것을 구해서 그 착한 마음을 헐게 하지 말라. 또 마치 지혜 있는 사람은 소의 힘이 얼마만한가를 헤아려서, 너무 무거운 짐을 지워 그 힘을 다하게 하지 않는 것과 같이 할지니라.

4) 게으름과 졸음의 괴로움을 다스리는 법

너희 비구는 낮에는 부지런히 착한 법을 닦아 익히고, 초저녁과 새벽에도 그렇게 할 것이요, 밤중에는 경을 읽음으로써, 쉬어서 잠잠으로 말미암아 일생을 아무 소득 없이 헛되이 지내지 말라. 항상 무상(無常)의 불길이 모든 세상을 불사르고 있음을 생각해서 빨리 자기를 구제할 것이요, 부디 잠자지 말라. 모든 번뇌5)의 도둑이 항상 사람을 엿보아 죽이는 것은 원수보다 더하거늘, 어떻게 잠자기만 일삼아 스스로 경계하지 않아서야 되겠는가? 번뇌의 독사가 네 마음에 잠자고 있는 것은 마치 검은 독사가 네 방에서 잠자고 있는 것과 같나니, 마땅히 계를 가지는 갈퀴로써 빨리 물리쳐 없애 버려야 할 것이다. 독사가 나간 뒤에라야 편히 잠잘 수 있으니, 독사가 나가지 않았는데 잠자고 있다면 그는 부끄럼을 모르는 사람이니라. 부끄럼의 옷은 모든 장엄(莊嚴)6) 가운데 제일 되는 것이다. 부끄럼은 쇠갈퀴와

---

5) 마음을 어지럽게 하는 정신 작용.
6) 선미(善美)로써 국토를 꾸미고 공덕을 쌓아 몸을 꾸미고 향화(香華)로써 부처님께 공양하는 것.

같아서 능히 사람의 법답지 않음을 제어하니, 그러므로 항상 마땅히 부끄러워할 줄 알아서 잠시도 버리지 말아야 하느니라. 만일 부끄러워하는 마음을 여의면 모든 공덕을 잃어버리게 될 것이다. 부끄러워하는 마음이 있는 사람은 곧 착한 법을 가질 수 있겠지만, 부끄러워하는 마음이 없는 사람은 모든 금수나 다를 바가 없느니라.

(3) 번뇌를 대치하는 법

1) 성냄의 번뇌를 다스리는 법

너희 비구여, 만일 어떤 사람이 와서 너의 사지를 마디마디 찢는다 해도 마땅히 자기 마음을 깨끗이 가져서 성내게 하지 말고, 또한 입을 깨끗이 가져서 나쁜 말을 내게 하지 말라. 만일 성내는 마음을 그대로 놓아 두면 자기의 도를 스스로 방해하고 남의 공덕의 이익을 잃어버리게 될 것이다. 참음이 덕이 되는 것은 계를 가지거나 고행하는 것도 거기에 따르지 못하는 것이니, 능히 참음을 행하는 사람이라야 위대한 힘을 가진 성자(有力大人)라 이름할 수 있다. 그러나 만일 남의 못 견딜 꾸짖음의 독(毒)을 반갑게 받기를 감로수(甘露水 : 죽지 않는 약)를 마시듯 하지 못하는 사람은 도에 들어간 지혜 있는 사람이라고 할 수 없다. 왜 그런고? 성냄의 해(害)는 모든 착한 법을 부수고 좋은 명예(도의 명예)를 헐어서, 이승에서나 저승에서도 남이 좋게 보지 않을 것이다. 마땅히 알라. 성내는 마음은 사나운 불꽃보다 더한 것이니 항상 마땅히 막고 지키어 마음속에 들어오지 말게 하라. 공덕을 겁탈하는 도둑으로 성냄보다 더한 것이 없느니라. 속인은 욕심을 가지며, 도를 행하는 사람이 아니라 자기를 제어하는 법이 없기 때문에 성냄도 오히려 용서할 수 있지만, 집을 나와 도를 행하는 욕심 없는 사람으로서 성냄을 품는 것은 아주 옳지 않은 일이다. 그것은 마치 말갛게 갠 날에 번개가 불을 일으키는 것과 같아 있을 수 없는 일이니라.

2) 교만의 번뇌를 다스리는 법

너희 비구는 마땅히 스스로 머리를 숙여라. 이미 몸의 꾸밈을 버리고 가사를 입고 바리때(鉢)를 들고서 동냥으로 살아가는 것이다. 자기가 보기에도 이러하니, 만일 거기에 교만이 생기거든 마땅히 빨리 없애 버릴지니라. 교만을 더 기르는 것은 세속 사람으로서도 오히려 마땅한 일이 아니거늘, 하물며 집을 나와 도에 들어간 사람으로서, 해탈을 위해서 자기를 낮추어 동냥살이를 하는 중에 있어서이겠는가?

3) 첨곡(諂曲 : 아첨)의 번뇌를 고치는 법

너희 비구여, 아첨하고 거짓된 마음은 도와 더불어 서로 어긋나는 것이니, 그러므로 마땅히 그 마음을 순박하고 정직하게 하라. 마땅히 알라, 아첨은 오직 속임밖에 되지 않는 것이니, 도에 들어간 사람은 그럴 수가 없느니라. 그러므로 너희는 마땅히 마음을 단정히 하여 순박과 정직으로 삼아야 한다.

(4) 세상을 초월한 대인(大人)의 공덕을 말함

1) 구(求)함이 없는 공덕

너희 비구는 마땅히 알라. 욕심이 많은 사람은 이익을 구함이 많기 때문에 번뇌도 많지만, 욕심이 적은 사람은 구함도 없고 하고자 함도 없기 때문에 그런 근심이 없다. 다만 욕심이 적기를 위해서도 힘써 닦아야 하겠거늘, 하물며 그것은 능히 모든 공덕을 나게 함에 있어서이겠는가? 욕심이 적은 사람은 곧 아첨으로써 남의 마음을 사려고 하지 않고, 모든 근(根 : 감각 기관)에 끌리지 않느니라. 또 욕심이 적기를 행하는 사람은 마음이 평안하여 아무 걱정이나 두려움이 없고, 하는 일에 여유가 있어 언제나 모자람이 없느니라. 이렇게 욕심이 적은 사람은 곧 열반을 지니나니, 이것을 일러 '욕심이 적음'이라 하느니라.

2) 만족을 아는 공덕

너희 비구여, 만일 모든 고뇌를 벗어나고자 하거든 마땅히 족함을 알기를 자세히 생각하라. 족함을 아는 법은 이 곧 부락(富樂)과 안온(安穩)의 곳이니라. 족함을 아는 사람은 비록 맨땅 위에 누워 있어도 오히려 편하고 즐거움이 되지만, 족함을 알지 못하는 사람은 비록 천당에 있어도 그 뜻에 맞지 않는다. 족함을 알지 못하는 사람은 비록 부(富)하나 가난하고, 족함을 아는 사람은 비록 가난하나 부하니라. 족함을 알지 못하는 사람은 항상 오욕의 끌어당기는 바가 되어, 족함을 아는 사람의 불쌍히 여기는 바가 된다. 이것을 일러 '족함을 앎'이라 하느니라.

3) 멀리 떠나는 공덕

너희 비구여, 만일 정적 무위(靜寂無爲)의 안락을 구하고자 하거든 마땅히 안팎의 시끄러움을 떠나 혼자서 한가한 곳에 있어라. 고요히 있는 사람은 제석(帝釋)[7]의 여러 천신의 공경하는 바가 된다. 그러므로 마땅히 마음속의 모든 생각과 바깥의 여러 사람을 버리고 한가한 곳에 혼자 있어서 괴로움의 근본을 없애기를 생각해야 할 것이다. 여럿을 좋아하는 사람은 여럿의 괴로움을 받나니, 마치 그것은 큰 나무에 많은 새가 모여 오면 곧 부러질 근심이 있는 것과 같다. 또 세상일에 얽매이고 집착하여 여러 괴로움에 빠지는 것은, 마치 늙은 코끼리가 흙탕에 빠져서 스스로 헤어나오지 못하는 것과 같다. 이것을 일러 '멀리 떠남'이라 하느니라.

4) 게으르지 않는 공덕

너희 비구여, 만일 부지런히 힘써 나아간다면 어려운 일이 없을 것이다. 그러므로 너희는 마땅히 부지런히 힘써 나아가라. 비유하건대 작은 물방울도 쉬지 않고 흐르면 돌을 뚫는 것과 같다. 만일 수행하는 사람의 마음이 자주 게을러 공부를 그치면, 그것은 마치 나무를 비비어 불을 내고자 할 때에 나무가 뜨

---

7) 도리천의 천주(天主)로서 사천왕(四天王)과 32왕(王)을 거느리고 불법과 신도를 보호하는 신.

겁기도 전에 그만 쉬는 것과 같아서 아무리 불을 얻고자 해도 마침내 얻지 못할 것이다. 이것을 일러 '힘써 나아감'이라 하느니라.

5) 잊지 않고 생각하는 공덕

너희 비구여, 선지식(善知識)을 구하고 선호조(善護助)를 구하려면 잊지 않고 생각하는 것만한 것이 없으니, 만일 잊지 않고 늘 생각하면 모든 번뇌의 도둑은 들어오지 못할 것이다. 그러므로 너희는 항상 마땅히 생각을 잡아 가져 마음에 두라. 만일 바른 생각을 잃어버리면 모든 공덕을 잃어버릴 것이요, 만일 생각하는 힘이 굳고 굳세면 비록 오욕의 노둑 속에 들어가더라도 해침을 받지 않을 것이니, 마치 투구를 쓰고 적진에 들어가도 두려워할 것이 없는 것과 같다. 이것을 일러 '잊지 않고 생각함'이라 하느니라.

6) 선정의 공덕

너희 비구여, 만일 마음을 잡아 가지면 마음은 곧 정(定 : 선정)에 있을 것이니, 마음이 정에 있기 때문에 능히 세상의 생멸법(生滅法)의 모양을 알 수 있다. 그러므로 너희는 항상 마땅히 모든 정을 부지런히 힘써 닦아 익혀라. 만일 정을 얻은 사람이면 마음이 흩어지지 않을 것이다. 그것은 마치 물을 아끼는 집에서 둑이나 물을 잘 다스리는 것과 같으니 수행하는 사람도 그러해서, 지혜의 물을 위하기 때문에 선정을 잘 닦아 그 물을 새게 하지 않는 것이다. 이것을 일러 '정(定)'이라 하느니라.

7) 지혜의 공덕

너희 비구여, 만일 지혜가 있으면 곧 탐착(貪着)이 없어지는 것이니, 항상 스스로 자세히 살피어 그것을 잃지 말도록 하라. 이것은 우리 법 중에서 능히 해탈을 얻게 하는 것이다. 그러나 그렇지 못한 사람은 이미 도인도 아니요 속인도 아니라. 무엇으로 이름할 것이 없다. 실지혜(實智慧)[8]는 곧 이 노(老), 병(病), 사(死)의 바다를 건너는 굳건한 배요, 또한 이 무명(無明)의 어둠 속의 큰 등불이며, 모든 병든 자의 좋은 약이요, 번뇌의 나무를 치는 날카로운 도끼다. 그러므로 너희는 마땅히 듣고, 생각하고, 닦는 지혜로써 자기를 더욱 길러야 한다. 만일 사람으로서 지혜의 빛을 가졌다면 그것은 비록 육안(肉眼)이지만, 그는 밝게 보는 사람이다. 이것을 일러 '지혜'라 하느니라.

8) 필경(畢竟 : 가장 위)의 공덕(희론하지 않는 공덕)

너희 비구여, 여러 가지 희론을 하면 마음이 곧 어지러워지나니, 비록 집을 나왔다 하나 아직 해탈을 얻지 못한 것이다. 그러므로 비구는 마땅히 빨리 어지러운 마음과 희론을 버려야 한다. 만일 너희가 적멸의 즐거움을 얻고자 하거든 오직 희론의 근심을 잘 없애야 한다. 이것을 일러 '희론하지 않음'이라 하느니라.

---

8) 진리를 달관하는 진실한 지혜.

3. 유통분(流通分 : 結論)

1) 닦기를 권하는 유통

너희 비구는 모든 공덕에 있어서 항상 마땅히 한 마음으로써 모든 방일을 버리기를 원수의 도둑을 여의듯 하라. 크게 자비로운 세존의 말씀하신 바 이익은 모두 지극한 것이니, 너희는 다만 마땅히 부지런히 그것을 행할 뿐이다. 혹 산속에서나 빈 늪에서나 혹 나무 밑에서나 또는 고요한 방에 한가히 있을 때라도, 받은 바의 법을 생각해서 잊거나 잃어버리지 말고 항상 마땅히 스스로 힘써 부지런히 닦아라. 아무 하는 일이 없이 헛되이 죽으면 뒷날에 반드시 뉘우침이 있을 것이다. 나는 훌륭한 의사와 같아서 병을 알아 약을 말하는 것이니, 먹고 안 먹는 것은 의사의 허물이 아니요, 또 나는 선도(善導 : 착한 길앞잡이) 같아서 착한 도로써 사람을 인도하는 것이니, 듣고 행하지 않더라도 그것은 선도의 허물이 아니니라.

2) 깨달아 결정하는 유통

너희는 고(苦)·집(集)·멸(滅)·도(道)의 사제(四諦)에 의심되는 것이 있거든 빨리 물어서, 의심을 품어 결정을 구하지 않음이 없게 하라. 세존은 이렇게 세 번 말했지만 아무도 묻는 사람이 없었다. 왜 그런고? 모두 의심이 없었기 때문이다. 그 때에 아누루타(阿㝹樓馱)[9]는 여러 사람의 마음을 관찰하고는 부처님

---

9) 무탐(無貪)의 뜻. 옛날 벽지불(辟支佛)에게 한 끼의 공양을 드림으로 해서 무한

께 여쭙기를, "세존이여 달은 뜨겁게 할 수 있고 해는 차게 할 수 있어도, 부처님께서 말씀하신 사제는 변하게 할 수 없습니다. 부처님께서 말씀하신 '괴로움'의 진리는 참 괴로움이라 그것을 즐거움으로 할 수 없으며, 집(集:괴로움의 원인)은 이 참 원인이라 다시 다른 원인이 없으며, 괴로움이 만일 멸(滅)해질 수 있다면 그 원인도 곧 멸해질 수 있는 것이라, 원인이 멸해지므로 결과도 멸해질 것이니, 그러므로 괴로움을 멸하는 도는 진실로 이 참 도라 다시 다른 도가 없습니다. 세존이여, 이 모든 비구는 사제에 진정코 의심이 없습니다."

3) 의심을 끊게 하는 유통

① 남은 의심을 나타냄

이 여러 사람 가운데서 번뇌를 아주 끊지 못한 이는, 부처님이 돌아가시는 것을 보고 모두 슬픈 감정이 되었고, 처음으로 불법에 들어온 사람은 부처님의 말씀을 듣고 곧 모두 구제를 얻었으니, 마치 밤에 번갯불을 보는 것 같아서 곧 도를 볼 수 있었으며, 또 번뇌를 아주 끊어 이미 고해를 건넌 사람은 그저 생각하기를 '부처님의 떠나심이 어찌 이렇게 빠른고!' 하였다.

② 여럿의 의심을 끊게 함

아누루타는 비록 모든 사람이 다 사성제(四聖諦)를 밝게 안다고 말했지만, 세존은 이 여러 대중으로 하여금 다 진실로 굳은

한 복락을 받은 사람.

뜻을 가지게 하기 위해서 큰 자비심으로 다시 말씀하셨다.

너희 비구는 슬픈 생각을 가지지 말라. 내가 비록 한 겁(劫)10)을 이 세상에 산다 하더라도 마침내는 마땅히 죽을 것이요, 한 번 만나서 헤어지지 않기는 마침내 얻을 수 없는 것이다. 자기도 이롭고 남도 이롭게 하는 것은 법에 다 갖추어 있으니, 비록 내가 오래 살아도 다시 더 이익될 것이 없느니라. 마땅히 제도할 수 있는 사람은 천상(天上)에서나 인간에서 이미 다 제도되었고, 아직 제도되지 못한 사람도 이미 다 제도를 얻을 인연을 지었느니라. 지금부터 내 여러 제자가 쉬지 않고 이것을 행하면, 그것은 곧 여래(如來)11)의 법신(法身)12)이 항상 있어서 멸하지 않은 것이다.

③ 세상의 덧없음을 말해 수행하기를 권함

그러므로 마땅히 알라. 세상은 모두 덧없어 만나면 반드시 헤어지니 슬픔과 걱정을 가지지 말라. 세상이란 이런 것이니 마땅히 부지런히 힘써 나아가 빨리 해탈을 구해서, 지혜의 밝음으로써 모든 어둠과 어리석음을 없애 버려라. 세상은 실로 위태하고 약해서 단단하고 굳은 것이 없거니와, 내가 이제 죽게 되는

---

10) 오랜 시간의 뜻. 인도에서는 범천(梵天)의 하루인데 인간의 4억 3200만 년. 불교에서는 연월일로 셀 수 없는 오랜 시간을 말함.
11) 불(佛) 십호(十號)의 하나. 여실(如實)의 진리를 따라 이 세상에 와서 진리를 보인 사람.
12) 진여법계(眞如法界)의 이체(理體). 현실 인계(人界)에 나타난 불(佛) 이상의 영원한 불(佛)의 본체.

것은 악한 병을 없애는 것과 같다. 이것은 마땅히 버려야 할 몸이요, 죄악으로 된 물건이라 거짓 이름으로 몸이 되어 노(老)·병(病)·생(生)·사(死)의 큰 바다에 빠져 있거늘, 어떻게 지혜 있는 사람으로서 이것을 없애기를 마치 원수의 도둑을 죽이는 것 같이 기뻐하지 않겠는가?

4. 부탁하여 청촉하는 유통

너희 비구는 항상 마땅히 한 마음으로 부지런히 번뇌를 벗어나는 길을 구하라. 이 세상의 움직이고 움직이지 않는 모든 물건은 모두 무너져 없어질 불안한 것이니라. 너희는 잠깐 그쳐 다시 말하지 말라. 때는 장차 지나가려 하고, 나는 이제 멸도(滅度)[13]하려 하노라. 이것이 나의 마지막 가르침이다.

---

13) 열반의 뜻. 살고 죽음을 벗어나 모든 번뇌를 떠난 경지.

佛遺教經

　釋迦牟尼佛, 初轉法輪, 度阿若憍陳如, 最後說法, 度須跋陀羅, 所應度者, 皆已度訖, 於沙羅雙樹間, 將入涅槃, 是時中夜, 寂然無聲, 爲諸弟子, 略說法要.
　汝等比丘, 於我滅後, 當尊重珍敬波羅提木叉, 如闇遇明, 貧人得寶, 當知, 此則是汝等大師, 若我住世, 無異此也. 持淨戒者, 不得販賣貿易, 安置田宅, 畜養人民奴婢畜生, 一切種植及諸財寶, 皆當遠離, 如避火坑. 不得斬伐草木. 墾土堀地, 合和湯藥, 占相吉凶, 仰觀星宿, 推步盈虛, 曆數算計, 皆所不應. 節身時食, 清淨自活. 不得參預世事, 通致使命. 呪術仙藥. 結好貴人, 親厚媟嫚, 皆不應作. 當自端心正念求度, 不得包藏瑕疵, 顯異惑衆. 於四供養, 知量知足, 趣得供事, 不應蓄積此則略說持戒之相, 戒是正順解脫之本, 故名波羅提木叉. 依因此戒, 得生諸禪定, 及滅苦智慧, 是故比丘, 當持淨戒, 勿令毀缺. 若人能持淨戒, 是則能有善法, 若無淨戒, 諸善功德, 皆不得生. 是以當知, 戒爲第一安隱功德住處.
　汝等比丘, 已能住戒, 當制五根, 勿令放逸. 入於五欲, 譬如牧牛之人, 執杖視之不令縱逸, 犯人苗稼. 若縱五根, 非惟五欲將無涯畔, 不可制也. 亦如惡馬, 不以轡制, 將當牽人, 墜於坑陷, 如彼劫害, 苦止一世, 五根賊禍, 殃及累世, 爲害甚重不可不愼. 是故, 智者, 制而不隨, 持之如賊, 不令縱逸, 假令縱之, 皆亦不久, 見其磨滅, 此五根者, 心爲其主, 是故汝等, 當好制心. 心之可畏, 甚於毒蛇, 惡獸怨賊, 大火越逸, 未足喩也. 譬如有人, 手執蜜器, 動轉輕踩, 但觀於蜜, 不見深坑, 又如狂象無鉤, 猿猴得樹, 騰躍踔躑, 難可禁制, 當急挫之, 無令放逸. 縱此心者, 喪人善事, 制之一處, 無事不辦. 是故比丘, 當勤精進, 折伏汝心.

汝等比丘, 受諸飲食, 當如服藥, 於好於惡, 勿生增減, 趣得支身, 以除飢渴, 如蜂採花, 但取其味, 不損色香, 比丘亦爾, 受人供養, 趣自除惱, 無得多求, 壞其善心. 譬如智者, 籌量牛力, 所堪多少, 不令過分, 以渴其力.

汝等比丘, 晝則勤心, 修習善法, 無令失時, 初夜後夜, 亦勿有廢, 中夜誦經, 以自消息, 無以睡眠因緣, 令一生空過, 無所得也. 當念無常之火, 燒諸世間, 早求自度, 勿睡眠也. 諸煩惱賊, 常伺殺人, 甚於怨家, 安可睡眠, 不自警寤. 煩惱毒蛇, 睡在汝心, 譬於黑蚖, 在汝室睡, 當以持戒之鉤, 早併除之, 睡蛇既出, 乃可安眠, 不出而眠, 是無慚人也. 慚恥之服, 於諸莊嚴, 最爲第一, 慚如鐵鉤, 能制人非法, 是故比丘, 常當慚替, 若離慚恥, 則失諸功德, 有愧之人, 則有善法, 若無愧者, 與諸禽獸無相異也.

汝等比丘, 若有人來, 節節支解, 當自攝心, 無令瞋恨. 亦當護口, 勿出惡言, 若縱恚心, 則自妨道, 失功德利, 忍之爲德, 持戒苦行, 所不能及, 能行忍者, 乃可名爲有力大人, 若其不能歡喜, 忍受惡罵之毒, 如飮甘露者, 不名入道智慧人也, 所以者何, 瞋害之害則, 破諸善法, 壞好名聞, 今世後世, 人不喜見, 當知瞋心, 甚於猛火, 常當防護, 勿令得人, 刼功德賊, 無過瞋恚. 白衣受欲, 非行道人, 無法自制, 瞋猶可恕. 出家行道, 無欲之人, 而懷瞋恚, 甚不可也. 譬如靑冷雲中, 霹靂起火, 非所應也.

汝等比丘, 當自摩頭, 以捨飾好. 着壞色衣, 執持應器, 以乞自活, 自見如是, 若起憍慢, 當疾滅之, 增長憍慢, 尚非世俗白衣所宜, 何況出家入道之人, 爲解脫故, 自降其身, 而行乞耶.

汝等比丘, 諂曲之心, 與道相違, 是故, 宜應質其心, 當知諂曲, 但爲欺誑, 入道之人, 則無是處, 是故汝等, 宜應端心, 以質直爲本.

汝等比丘, 當知 多欲之人, 多求利故, 苦惱亦多, 少欲之人, 無求無欲, 則無此患, 直余少欲, 尚應修習, 何況少欲, 能生諸功德, 少欲之人, 則無諂曲, 以求人意, 亦復不爲諸根所牽, 行少欲者, 心則坦然, 無所憂畏, 觸事有餘, 常無不足, 有少欲者, 則有涅槃, 是名少欲.

汝等比丘, 若欲脫諸苦惱, 當觀知足, 知足之法, 卽是富樂安隱之處, 知足之人, 雖臥地上, 猶爲安樂, 不知足者, 雖處天堂, 亦不稱意. 不知足者, 雖富而貧. 知足之人, 雖貧而富, 不知足者, 常爲五欲所牽, 爲知足者之所憐愍, 是名知足.

汝等比丘, 欲求寂靜無爲安樂, 常離憒鬧, 獨處閑居, 靜處之人, 帝釋諸天, 所共敬重. 是故, 當捨己衆他衆, 空閑獨處, 思滅苦本. 若樂衆者, 則受衆惱. 譬如大樹衆鳥集之, 則有枯折之患, 世間縛着, 沒於衆苦. 譬如老象, 溺泥不能自出, 是名遠離.

汝等比丘, 當勤精進. 譬如小水常流, 則能穿石, 苦行者之心, 數數懈廢, 譬如鑽火, 未熟而息, 雖欲得火, 火難可得, 是名精進.

汝等比丘, 求善知識, 求善護助, 無如不忘念. 若有不忘念者, 諸煩惱賊, 則不能入. 是故汝等, 常當攝念在心, 若失念者, 則失諸功德. 若念力堅强, 雖入五欲賊中, 不爲所害. 譬如着鎧入陣, 則無所畏, 是名不忘念.

汝等比丘, 若攝心者, 心則在定. 心在定故, 能知世間, 生滅法相. 是故汝等, 常當精進, 修習諸定. 若得定者, 心則不散. 譬如惜水之家, 善治堤塘, 行者亦爾, 爲智慧水故, 善修禪定, 令不漏失, 是名爲定.

汝等比丘, 若有智慧, 則無貪着, 常自省察, 不令有失. 是則, 於我法中, 能得解脫. 若不爾者, 旣非道人, 又非白衣, 無所名也. 實智慧者, 則是度老病死海, 堅牢船也. 亦是無明黑暗, 大明燈也. 一切病者之良藥也. 伐煩惱樹之利斧也. 是故, 汝等, 當以聞思修慧, 而自增益, 若人有智慧之照, 雖是肉眼, 而是明見人也, 是爲智慧.

汝等比丘, 若種種戱論, 其心則亂, 雖復出家, 猶未得脫. 是故比丘, 當急捨離亂心戱論, 若汝欲得寂滅樂者, 惟當善滅戱論之患, 是名不戱論.

汝等比丘, 於諸功德, 常當一心, 捨諸放逸, 如離怨賊. 大悲世尊, 所說利益, 皆已究竟, 汝等但當勤而行之. 若於山間, 若空澤中, 若在樹下, 閑處靜室, 念所受法, 勿令忘失, 常當自勉, 精進修之, 無爲空死, 後致有悔. 我如良醫, 知病說藥, 服與不服, 非醫咎也. 又如善導, 導人善道, 聞之不行, 非導過也. 汝等, 若於苦等四諦, 有所疑者, 可疾問之, 無得懷疑, 不求決也.

爾時世尊, 如是三唱, 人無問者, 所以者何, 衆無疑故. 時, 阿㝹樓馱, 觀察衆心而白佛言, 世尊, 月可令熱, 日可令冷, 佛說四諦, 不可令異. 佛說苦諦, 實苦, 不可命樂. 集眞是因, 更無異因. 苦若滅者, 卽是因滅. 因滅故, 果滅, 滅苦之道, 實是眞道, 更無餘道. 世尊, 是諸比丘, 於四諦中, 決定無疑, 於此衆中, 若所作未辦者, 見佛滅度, 當有悲感. 若有初入法者, 聞佛所說, 卽皆得度. 譬如夜見電光, 卽得見道. 若所作已辦, 已度苦海者, 但作是念, 世尊滅度, 一何疾哉. 阿㝹樓馱, 雖說此語, 衆中皆悉了達四聖諦義. 世尊, 若令此諸大衆, 皆得堅固, 以大悲心, 復爲重說.

汝等比丘, 勿懷悲惱, 若我住世一劫, 會亦當滅, 會而不離, 終不可得. 自利利人, 法皆具足. 若我久住, 更無所益. 應可度者, 若天上人間, 皆悉已度, 其未度者, 皆亦已作得度因緣. 自今已後, 我諸弟子, 展轉行之, 則是如來法身, 常在而不滅也, 是故當知, 世皆無常, 會必有離, 勿懷憂惱, 世相如是. 當勤精進, 早求解脫, 以智慧明, 滅諸癡闇, 世實危脆, 無牢强者, 我今得滅, 如除惡病, 此是應捨罪惡之物, 假名爲身, 沒在老病生死大海. 何有智者, 得除滅之, 如殺怨賊, 而不歡喜.

汝等比丘, 常當一心, 勤求出道, 一切世間, 動不動法, 皆是敗壞, 不安之相. 汝等且止, 勿得復語. 時將欲過, 我欲滅度, 是我最後之所敎誨.